は し が き

　令和6年度税制改正においては、賃金上昇が物価高に追いついていない国民の負担を緩和し、物価上昇を十分に超える持続的な賃上げが行われる経済の実現を目指す観点から、所得税・個人住民税の定額減税の実施や、賃上げ促進税制の強化等を行い、また、資本蓄積の推進や生産性の向上により、供給力を強化するため、戦略分野国内生産促進税制やイノベーションボックス税制を創設し、スタートアップ・エコシステムの抜本的強化のための措置を講ずる、とされています。加えて、グローバル化を踏まえてプラットフォーム課税の導入等を行うとともに、地域経済や中堅・中小企業の活性化等の観点から、事業承継税制の特例措置に係る計画提出期限の延長や外形標準課税の適用対象法人の見直し等を行う、とされています。

　このような基本方針の下、令和6年度税制改正においても、多くの項目の改正が行われることとなっていますが、そのような中でも、所得税・個人住民税における定額減税、法人税における賃上げ促進税制の強化、イノベーションボックス税制の創設などが大きな特徴となっており、交際費から除外される飲食費に係る見直しも、実務においては、見逃せない改正となっています。

　また、既に改正が行われて施行されているものではありますが、令和5年10月1日から始まったインボイス制度と令和6年1月1日から適用されている電子帳簿保存についても、実務対応に注意が必要となっています。

　所得税・個人住民税における定額減税は、デフレ完全脱却のための一時的な措置として、納税者及びその配偶者を含めた扶養親族1人（いずれも居住者）につき、令和6年分の所得税3万円、令和6年度分の個人住民税1万円の減税を実施するというものですが、合計所得金額1,805万円（給与収入2,000万円相当）超の高額所得者は対象外とされています。

　この定額減税は、周知のとおり、簡素な給付で対応するべきであるという声が多い中で、税制措置として実施することとされたものですが、税制措置として講じられたために、給与所得者、公的年金受給者、不動産所得・事業所得者等ごとに減税方法が異なるなど、制度が複雑で分かり難くなっており、実務においては、注意が必要となっています。給付で対応するべきものと税制措置で

対応するべきものの判断は、適切に行われるべきであって、無用に税制措置を複雑にするようなことは、避けるべきです。

　法人税における賃上げ促進税制の強化は、物価高に負けない構造的・持続的な賃上げの動きをより多くの国民に広げ、効果を深めるため、賃上げ要件等について見直しを行うものとされており、従来の大企業と中小企業という枠組みとは異なり、新たに中堅企業という枠組みを設けて、従来以上に実態に合った措置が講じられます。この措置は、賃上げを促進するものとして、大いに期待されるものです。

　イノベーションボックス税制は、研究開発拠点としての立地競争力強化のため、国内で自ら研究開発した知的財産権から生ずる一定の所得について、所得控除を行う新たな制度として創設されるものですが、我が国にとっては、中長期的な観点からすると、非常に重要であり、あまりにも遅すぎる措置と言わざるを得ないものですので、来年度以降、大きく拡充するべきものと考えます。

　交際費課税については、平成18年度税制改正により、会議費相当とされる1人5,000円以下の飲食費が交際費等の範囲から除外され、全額損金算入されていますが、この5,000円以下とされている飲食費の金額基準が10,000円以下まで引き上げられます。この改正を機に、社内の交際費規定を見直すということがあっても良いように思われます。

　また、既に改正が行われて施行されているものではありますが、令和5年10月1日から始まったインボイス制度と令和6年1月1日から適用されている電子帳簿保存についても、実務においては、注意が必要となっています。これらは、法令の規定上は、納税者の実態をあまり考慮せずにやや現実離れした処理を求めているところがあり、実務家からも、疑問と懸念の声が上がっていましたが、実際の制度の運用においては、かなり納税者の実態に配慮した対応がなされるとのことですので、この実際の制度の運用がどのように行われることとなるのかということにも、注目しておく必要があります。

　このように、令和6年度税制改正においても、実務上、注意を要する改正が行われることとなっており、また、既に改正が行われて施行されているものについても、注意が必要となっているものがあることに、十分、留意する必要があります。

なお、本書は、「令和6年度税制改正の大綱」（令和5年12月22日　閣議決定）に基づいて起稿し、改正法律案に示された改正規定を追記する等によって作成しており、図表に関しては、改正内容等を広くかつ正確に伝えるために、自由民主党税制調査会に提出された資料、財務省及び総務省が作成した資料、経済産業省等が作成した資料なども利用させて頂いているということを予めお断りしておきます。

　本書が皆様方の日々の実務に少しでもお役に立つようであれば、幸いです。

　最後に、本書の刊行にご助力を賜わりました清文社の宇田川真一郎氏に編著者を代表して御礼を申し上げます。

編著者を代表して

日本税制研究所　代表理事　朝長英樹

税理士　　竹内陽一

目 次

Ⅰ 個人所得税関係の改正

1. 所得税・個人住民税の定額減税

【1】 制度の内容

(1) 対象者（措法41の3の3①、地法附則5の8①）

令和6年分の所得税に係る合計所得金額が1,805万円（給与収入のみの場合、給与収入2,000万円）以下の居住者が対象とされます（住民税も同じ）。

この合計所得金額は、令和6年分の合計所得金額とし、退職所得金額も含まれます。

(2) 特別控除の額（措法41の3の2②、地法附則5の8②）

特別控除の額は、次の金額とします。

所得税	3万円×減税対象人数（注1）
個人住民税	1万円×減税対象人数（注1）（注2）

(注1) 減税対象人数（居住者に限ります。）

本人 ＋ 同一生計配偶者 ＋ 扶養親族（扶養控除の場合とは異なり16歳未満の扶養親族も含まれます。）

(注2) 個人住民税では、控除対象配偶者を除く同一生計配偶者については、令和7年分の所得税の額から1万円を控除します（地法附則5の12）。

(参考)

同一生計配偶者 （所法2三十三）	居住者の配偶者でその居住者と生計を一にするもの（青色事業専従者等を除く。）のうち、合計所得金額が48万円以下である者
控除対象配偶者 （所法2三十三）	同一生計配偶者のうち、合計所得金額が1000万円以下である居住者の配偶者
源泉控除対象配偶者 （所法2三十三の四）	居住者（合計所得金額が900万円以下であるものに限る。）の配偶者でその居住者と生計を一にするもの（青色事業専従者等を除く。）のうち、合計所得金額が95万円以下である者

(3)　特別控除の実施方法

①　源泉徴収（特別徴収）による場合

　(イ)　給与所得者の場合

　(ⅰ)　国税（所得税）

　　a）月次減税事務（措法41の3の7）

　　　令和6年1月1日以後の最初の給与等（賞与を含むものとし、扶養控除等申告書の提出を受けた支払者から支払われるものに限ります）につき源泉徴収されるべき所得税の額（以下「控除前源泉徴収税額」といいます）から特別控除の額に相当する金額を控除します。

　　　控除をしてもなお控除しきれない金額は、以後令和6年中に支払われる給与等（同年において最後に支払われるものを除きます）に係る控除前源泉徴収税額から、順次控除します。

　　　同一生計配偶者に係る特別控除の額は、原則として扶養控除等申告書に記載された源泉控除対象配偶者のうち合計所得金額が48万円以下である者について適用します。

　　《控除対象者》

　　　控除対象者は、令和6年6月1日現在、給与支払者のもので勤務している人のうち、扶養控除等申告書を提出している居住者（以下「基準日在職者」といいます。）です。なお、給与所得者が自分で定額減税の適用を受けるか受けないかを選択することはできません（国税庁−令和6年分所得税の定額減税Q&A（以下「Q&A」という）2−4）。

　　　なお、次の者は、基準日在職者に該当しません。

> ・扶養控除等申告書を提出していない者
> ・令和6年6月2日以後に給与の支払者のもとで勤務することとなった者
> ・令和6年5月31日以前に給与の支払者のもとを退職した者
> ・令和6年5月31日以前に出国して非居住者となった者

　　　月次減税事務の段階では、合計所得金額（見積額）を勘案しません。合計所得金額が1,805万円を超えると見込まれる者に対しても、月次減税事

務は行います（Q&A　3－4）。

　これらの者は、年調減税事務で既に適用を受けた定額減税について精算を行うこととなりますが、このうち、主たる給与の支払者からの給与収入が2,000万円を超える者は年末調整の対象者とはならないため、その者は確定申告で最終的な年間の所得税額と定額減税額との精算を行うこととなります（Q&A　2－2）。

《扶養控除等申告書に記載していない者に係る申告》

　扶養控除等申告書に記載していない同一生計配偶者（例えば、令和6年中の所得金額の見積額が900万円超である基準日在職者の同一生計配偶者）や16歳未満の扶養親族については、最初の月次減税事務を行うときまでに、控除対象者から「源泉徴収に係る定額減税のための申告書」の提出を受けることにより、月次減税額の計算のための減税対象人数に含めることとなります（Q&A　6－1・6－7）。

　なお、16歳未満の扶養親族については、扶養控除等申告書の「住民税に関する事項」を参照して計算することも可能とされています（Q&A　6－9）。

　　（注）　同一生計配偶者と扶養親族の数は、最初の月次減税事務までに提出された扶養控除等申告書等によって決定します。その後に異動等があった場合には、年末調整又は確定申告で調整します（Q&A　6－12）。
　　　　なお、扶養親族に該当するか否かの判定はその年12月31日の現況により行いますが、令和6年6月1日以後最初の給与等の支払日の前日までに死亡した令和6年分の扶養親族についても、その親族の死亡日の現況により扶養親族であると判定されるのであれば、月次減税額の計算に含めることとされています（Q&A　6－11）。
　　　　令和6年6月2日以後に出生した子は、年末調整の際に年調減税額の計算に含めます（Q&A　8－7）。

b）年調減税事務（措法41の3の8）

　令和6年分の年末調整の際に、年税額から特別控除の額を控除します。

扶養控除等申告書申告書に記載された事項の異動等により特別控除の額に異動が生ずる場合には、年末調整によりこれを調整します。

　対象者ごとの年末調整における控除は、住宅借入金等特別控除後の所得税額から、その住宅借入金等特別控除後の所得税額を限度に行います。また、その控除した金額に102.1％を乗じて復興特別所得税を含めた年調年税額を計算します。

《控除対象者》

　年末調整の対象となる者のうち、給与所得以外の所得を含めた合計所得金額が1,805万円を超えると見込まれる者については、年末調整での控除対象者とはなりません。年末調整において合計所得金額が1,805万円を超えるかどうかを勘案するには、基礎控除申告書により把握した合計所得金額を用います（Q&A　8－1）。

《配偶者の取扱い》

　給与の支払者は、年末調整の際に以下の配偶者を年調減税額の計算に含めます（Q&A　8－3）。

・配偶者控除等申告書に「配偶者控除の適用を受ける配偶者」として記載された配偶者

・年末調整時までに提出された「定額減税に係る年末調整に係る申告書」に「令和6年中の合計所得金額の見積額が48万円以下である配偶者」として記載された配偶者

（注）　合計所得金額48万円超の配偶者については、配偶者自身の所得税において定額減税額の控除を受けることになります（Q&A　8－2）。

《扶養親族の取扱い》

　年の途中で出生した親族について、令和6年12月31日時点で扶養親族となるのであれば、月次減税額の計算に含めなかった者であっても、年調減税額の計算に含めます（Q&A　8－7）。

　年の中途で死亡した者については、死亡日の現況により扶養親族と判定

される場合には年調減税額の計算に含めます（Q&A　8－8）。

(ⅱ)　地方税（個人住民税）（地法附則5の10）

　特別徴収義務者は、令和6年6月分の給与の支払いをする際に特別徴収は行わず、令和6年7月から令和7年5月までの給与の支払いをする際に特別控除の額を控除した後の個人住民税の年額の11分の1の額を、毎月徴収します。

　地方公共団体からの特別徴収税額通知には、特別控除をした額等が記載されます。

(ロ)　公的年金等の受給者の場合

(ⅰ)　国税（所得税）（措法41の3の9）

　令和6年6月1日以後最初に支払いを受ける公的年金等（確定給付企業年金法の規定に基づいて支給を受ける年金等を除きます）につき源泉徴収されるべき所得税の額について、上記(イ)の給与所得の場合に準じた取扱いとされます。

(ⅱ)　地方税（個人住民税）（地法附則5の11）

　令和6年10月1日以後最初に支払いを受ける公的年金等につき特別徴収されるべき個人住民税の額から特別控除の額に相当する金額を控除します。控除をしてもなお控除しきれない部分の金額は、以後令和6年度中に特別徴収される各月分の特別徴収税額から、順次控除します。

②　退職所得の場合

　退職所得の源泉徴収の際には定額減税は実施しません。令和6年分所得税の確定申告により定額減税を受けることになります。

　給与等に係る源泉徴収において控除しきれなかった定額減税額がある場合には、退職所得を含めた所得に係る所得税について、定額減税の適用を受けることができます（Q&A　1－8）。

③　事業所得又は不動産所得等の場合（普通徴収による場合）

　㋑　国税（所得税）

　（ⅰ）　予定納税時の取扱い（措法41の３の４、41の３の５）

区分	取扱い	予定納税の納期	減額承認 申請期限
第１期（７月）	第１期分予定納税額から、本人に係る特別控除の額に相当する金額を控除します。	〔改正前〕 令和６年７月１日から同月31日 〔改正後〕 令和６年７月１日から９月31日	〔改正前〕 ７月15日 〔改正後〕 ７月31日（注）
第２期（11月）	第１期分予定納税額から控除をしてもなお控除しきれない部分の金額を、第２期分の予定納税額から控除します。		

（注）　予定納税の減額の承認申請により、第１期分及び第２期分の予定納税額について、同一生計配偶者又は扶養親族に係る特別控除の額に相当する金額の控除を受けることができます（措法41の３の６）。

　（ⅱ）　確定申告時の取扱い

　　　令和６年分の所得税に係る確定申告書を提出する事業所得者等は、その提出の際に所得税額から特別控除の額を控除します。

　㋺　地方税（個人住民税）（地法附則５の９）

　　　令和６年分の個人住民税に係る第１期分の納付額から特別控除の額に相当する金額を控除します。控除をしてもなお控除しきれない部分の金額は、第２期分の納付税額から、順次控除します。

【２】定額減税補足給付金

(1)　新たな経済に向けた給付金・定額減税一体措置

　　定額減税しきれないと見込まれる世帯には、定額減税補足給付金（補足給付）が給付されます。

　　定額減税を補う目的で実施されるこの定額減税補足給付金は、下表の４つの一連の給付の中の一つとして実施されます。

　これらの給付は、政府与党政策懇話会（令和5年10月26日）における総理指示及び「デフレ完全脱却のための総合経済対策」（令和5年11月2日閣議決定）に基づいて行われます。

　それぞれの給付と定額減税との関係は、後掲の図解に示すとおりです。

名称	概要
個人住民税均等割りのみの課税がなされる世帯への給付	令和5年度における個人住民税均等割非課税世帯（以下「住民税非課税世帯」という。）以外の世帯であって、個人住民税所得割が課せられていない者のみで構成される世帯（以下「均等割のみ課税世帯」という。）に対し、1世帯当たり10万円を支給します。
低所得者の子育て世帯への加算（こども加算）	令和5年度における住民税非課税世帯及び均等割のみ課税世帯への給付への加算として、その世帯において扶養されている18歳以下の児童1人当たり5万円を支給します。
新たに住民税非課税等となる世帯への給付	新たに住民税非課税又は均等割のみ課税となる世帯（令和5年度に上記給付の対象となった世帯を除く。）に対し、1世帯当たり10万円を支給します。対象となる児童がいる場合には、上記こども加算に準じた加算を行います。
定額減税しきれないと見込まれる所得水準の方への給付（調整給付）	納税者及び配偶者を含めた扶養家族に基づき算定される定額減税可能額が、令和6年に入手可能な課税情報を基に把握された当該納税者の令和6年分推計所得税額又は令和6年度分個人住民税所得割額を上回る者に対し、当該上回る額の合算額を基礎として、1万円単位で切り上げて算定した額を支給します。 なお、令和6年分所得税及び定額減税の実績額等が確定したのち、当初給付額に不足のあることが判明した場合には、追加で当該納税者に給付します。

(2)　定額減税しきれないと見込まれる方への給付（調整給付）の給付額

　　次の①と②の合計額（合計額を万円単位で切上）を給付します。

①　所得税分定額減税可能額－令和6年分推計所得税額（零以下の場合は零）

②　個人住民税所得割分減税可能額－令和6年分個人住民税所得割額（零以下の場合は零）

※令和6年分所得税額及び令和6年分個人住民税所得割額が確定した後、給付額に不足があることが判明した場合には、追加で給付が行われます。

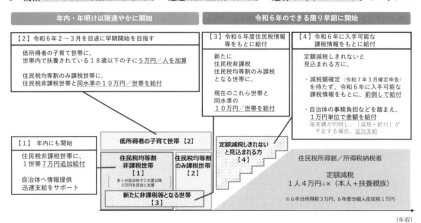

（出典：内閣府特命担当大臣（経済財政担当）令和5年12月）

【3】実施時期

　実務上出来る限り速やかに実施することとされ、令和6年6月以降の源泉徴収・特別徴収等から実施されます。

　定額減税については、法案の国会提出前であっても制度の詳細を早急に公表することとされており、国税庁ホームページ内では「定額減税特設サイト」が令和6年1月30日付で開設されています。

　パンフレットやQ&A等、実務上参考となる情報が随時更新されることとされています。

https://www.nta.go.jp/users/gensen/teigakugenzei/index.htm

2．扶養控除等の見直しの方向性

【1】概要

　令和7年度税制改正において、令和8年分以降の所得税と令和9年分以降の個人住民税の扶養控除について見直しを行い、その結論を得ることとされまし

た。

【2】背景

⑴　平成22年度税制改正（民主党政権）

　1人当たり所得税で38万円、個人住民税で33万円の所得控除が認められていた年少扶養親族（0歳から15歳まで）に係る扶養控除が、平成22年度税制改正により、子ども手当の創設と引き換えに廃止されました。

　また、教育支出がかさむ世代の税負担軽減の見地から、高校・大学生世代の特定扶養親族（16歳から22歳まで）に係る扶養控除の上乗せ部分（所得税25万円、住民税12万円）が、同じく平成22年度税制改正により、公立高校の授業料無償化等と引き換えに廃止されました。

　これらの改正は、所得控除が、超過累進税率の高い高所得者に有利に働くことを問題視し、「所得控除から手当へ」とする考え方の下で行われた改正でした。

【平成22年度改正前後の扶養控除の適用関係】

扶養親族の年齢	改正前（平成22年分まで適用）		改正後（平成23年分から適用）	
	扶養親族の区分	扶養控除の額	控除対象扶養親族の区分	扶養控除の額
0歳～15歳	一般の扶養親族	38万円	扶養控除対象外	
16歳～18歳	特定扶養親族	63万円	一般の控除対象扶養親族	38万円
19歳～22歳			特定扶養親族	63万円
23歳～69歳	一般の扶養親族	38万円	一般の控除対象扶養親族	38万円
70歳～	老人扶養親族	48万円	老人扶養親族	48万円

⑵　子ども未来戦略会議での検討

①　検討・決定の経緯

　内閣官房こども未来戦略会議において、「こども未来戦略方針（案）」が令和5年6月13日に閣議決定され、下記②の児童手当の拡充方針が示されました。その後、令和5年12月22日に「こども未来戦略」が閣議決定されています。

② 児童手当の拡充と税制における扶養控除との関係

　少子化対策の「加速化プラン」の中で、児童手当が「次代を担う『全て』の
こどもの育ちを支える基礎的な経済支援」であることが明確化され、児童手当
の支給に関し、①所得制限を撤廃し、②次の表のとおり全員を本則給付の対象
とするとともに、③支給期間を中学生から高校生年代（18歳に達する日以後の
最初の3月31日までの間）にまで延長することとされました。

	拡充前（令和6年9月分まで）	拡充後（令和6年10月分以後）
支給対象	中学校修了までの国内に住所を有する児童 （15歳到達後の最初の年度末まで）	高校生年代までの国内に住所を有する児童（18歳到達後の最初の年度末まで）
所得制限	所得限度額：960万円未満（年収ベース、夫婦とこども2人） ※年収1,200万円以上の者は支給対象外	所得制限なし
手当月額	・3歳未満：一律15,000円 ・3歳〜小学校修了まで 　　第1子、第2子：10,000円 　　第3子以降：15,000円 ・中学生　一律：10,000円 ・所得制限以上　一律：5,000円（注） （注）当分の間は特例給付	・3歳未満 　　第1子、第2子：15,000円 　　第3子以降：30,000円 ・3歳〜高校生年代 　　第1子、第2子：10,000円 　　第3子以降：30,000円

（出典：令和6年度こども家庭庁当初予算案のポイント（令和5年12月22日）一部修正）

　上記の児童手当の拡充に必要な財源について、安定財源を確保するとしつつ
も、こども・子育て関連予算の拡充のために消費税などは増税しないと明記さ
れる一方、扶養控除を縮小することでバランスをとることが検討されました。

　特に、中学生までの取扱いとのバランス等を踏まえて、児童手当の拡充と引
き換えに高校生の扶養控除を整理すべき（縮小すべき）とされ、令和7年度税
制改正においてその結論を得るとされています。

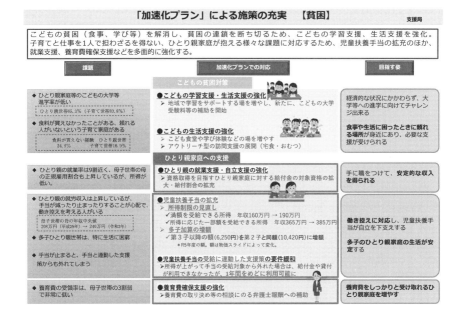

【3】令和7年度税制改正での決定見込みの事項

(1)　扶養控除

　扶養控除が次のとおり縮小される見込みです。扶養控除の見直しにより影響を受ける社会保障制度や教育等の給付や水準に関して網羅的に把握し、各制度上の不利益が生じないよう確認することが前提とされています。

		改正前	改正予定
0歳〜15歳	扶養控除対象外	なし	改正なし
16歳〜18歳	一般の控除対象扶養親族（注）	所得税；38万円 住民税；33万円	所得税；25万円 住民税：12万円
19歳〜22歳	特定扶養親族	所得税：63万円 住民税：45万円	改正なし
23歳〜69歳	一般の控除対象扶養親族	所得税：38万円 住民税：33万円	改正なし
70歳〜	老人扶養親族	下記以外 所得税；48万円 住民税：38万円	改正なし
		同居老親等 所得税；58万円 住民税：45万円	改正なし

（注）　改正前の控除額に代えて、平成22年度税制改正において高校実質無償化に伴い廃止された特定扶養親族に対する控除の上乗せ部分（所得税25万円、住民税12万円）を復元し、高校生年代に支給される児童手当と合わせ全ての子育て世帯に対する実質的な支援を拡充しつつ、所得階層間の支援の平準化を図ることとされています。

⑵　ひとり親控除

　困難な境遇に置かれているひとり親の自立支援を進める観点から、ひとり親控除が下表のとおり拡充されます。

	改正前	改正予定
所得要件	合計所得金額500万円以下	合計所得金額1,000万円以下
控除額	所得税：35万円 住民税：30万円	所得税：38万円 住民税：33万円

⑶　施行時期

　所得税については令和8年分以降について、個人住民税については令和9年分以降からの施行が予定されています。

（西山　卓）

３．　税制適格ストックオプション税制の拡充

【1】改正前の制度の概要

　発行法人から新株予約権を無償で付与された場合、その新株予約権を取得した個人には、その権利行使日の取得した株式の時価と権利行使価額との差額に経済的利益が発生するため所得課税が生じます（所法36②、所令84③二）。これは税制非適格ストックオプションの場合であり、権利行使をした個人は株式取得時に、このようなキャッシュインのない経済的利益に対して課税が生じます。

　一方、措法29の２、措令19の３に規定する税制適格ストックオプションに該当する場合には、その取得者の権利行使時の所得課税は、その株式の譲渡によるキャッシュインが生じる時まで繰り延べられます。

　そのためには、下記の要件を満たす必要があります。

⑴　権利行使により取得した株式が金融商品取引業者等に振替口座簿への記載若しくは記録、保管の委託がされること。

⑵　権利行使者の権利行使金額の年間合計額が1,200万円を超えないこと。

⑶　付与対象者は会社及びその子会社の取締役・執行役・使用人、又は一定の要件を満たす外部協力者（特定事業者）である社外高度人材であること。

⑷　権利行使において、新株予約権を付与された者が、付与決議時に大口株主及び大口株主の特別利害関係者でないことの宣誓書を発行会社にて提出すること。

【2】改正の背景

　スタートアップ・エコシステムの抜本的強化の観点から、「スタートアップは、イノベーションを生み出す主体として、生産性向上を通じて、日本経済の潜在成長率を高める重要な存在である。一方で、全体として資金や人材面で課題を抱えており、そうした課題への対応を後押ししていく必要がある。その際、課題や措置の必要性等がスタートアップのステージ毎に異なる点に留意し、ステージ毎のきめ細やかでメリハリの利いた対応を行うことが重要」であると、令和６年度税制改正大綱「税制改正の基本的考え方」にあり、引続き下記記載があります。

　「ときに特例的な優遇措置を設ける必要もあるが、その際は、対象がスタートアップに限定されるよう制度設計をし、その政策効果や必要性をよく見極め

る必要がある。また、優遇税制が租税回避に用いられやすい点にも留意し、適切な執行体制を確保することも重要である。特に所得税の優遇措置に当たっては、過度な富裕層優遇となる可能性にも留意し、公平性の観点にも配慮した制度設計を行う必要がある。こうしたスタートアップ関連税制に対する基本的な考え方の下、昨年度に引き続き、スタートアップエコシステムの抜本的強化のための税制措置を講ずる。

「出口」について、現在はIPOに偏重しているが、事業規模が未拡大の段階でIPOが行われ、その後に成長が鈍化する傾向にあるとの指摘がある点は令和5年度税制改正大綱でも記載した。M&Aを促進することで、スタートアップが既存企業の資金や人材といった経営資源を活用できるようになり、その後の「事業展開」において、より力強い成長を実現することが期待される。

この観点から、ストックオプション税制における保管委託要件について、企業買収時において機動的に対応できるよう、スタートアップ自身による管理の方法を新設する。

さらに、主としてレイター期の人材確保に資するよう、ストックオプション税制の年間の権利行使価額の上限を、スタートアップが発行したものについて、最大で現行の3倍となる年間3,600万円への引上げを実施する。」（同税制改正大綱）としています。

なお、既に付与しているストックオプションの取扱いについては、改正法の施行日から令和6年12月31日までの間に行われた付与契約の一定の変更により、改正前の1,200万円とされている年間の権利行使価額をステージに応じて上記の権利行使価額まで引き上げることを可能にするとしています（令6改正法附則31②）。

【3】改正の概要

特定の取締役等が受ける新株予約権の行使による株式の取得に係る経済的利益の非課税等(ストックオプション税制)について、次の措置が講じられます。

① 株式保管委託要件の選択適用

適用対象となる新株予約権に係る契約の要件について、新株予約権の行使に係る株式会社と「その新株予約権を与えられた者との間であらかじめ締結される新株予約権の行使により交付をされるその株式会社の株式（譲渡制限株式に限る。）の管理等に関する取決めに従い、取得後直ちに当該株式会社により管

理がされること」を加え、従来からの「新株予約権の行使により取得をする株式につき金融商品取引業者等の営業所等に保管の委託等がされること」との選択適用とします（新措法29の2①六）。

　なお、その株式会社による管理に係る契約の解約又は終了等の事由により、その株式の全部又は一部の返還又は移転があった場合には、その事由が生じた時に、その株式の譲渡等があったとみなされます（新措法29の2④）。

　また、株式の管理に関する取決めに従い株式の管理をしている株式会社は、その株式等の異動状況に関する調書を毎年1月31日までに税務署長に提出しなければならないとされます（新措法29の2⑦）。

　この株式保管委託要件の撤廃により、スタートアップ強化における改正前のIPO偏重の出口戦略から、企業買収時における機動的な対応ができるよう出口戦略の促進を促しています。

② 権利行使年間限度額の大幅な引き上げ

　その年における新株予約権の行使に係る権利行使価額の限度額について、次のとおりとします（新措法29の2①かっこ書き）。

　イ　スタートアップ企業

　　　設立の日以後の期間が5年未満の株式会社が付与する新株予約権については限度額を2,400万円（改正前1,200万円の2倍）に引き上げます。

　ロ　レイターステージ企業

　　　一定の株式会社（注）が付与する新株予約権については限度額を3,600万円（改正前1,200万円の3倍）に引き上げます。

　　（注）　上記「一定の株式会社」とは、設立の日以後の期間が5年以上20年未満である下記会社をいいます。

　　　　　・非上場会社（＊）

　　　　　・上場会社は上場日後5年未満の会社（＊＊）

　　（＊）　金融商品取引所に上場されている株式等の発行会社である会社以外の会社。

　　（＊＊）　金融商品取引所に上場されている株式等の発行者である会社のうち上場の日以後の期間が5年未満であるもの。

③ 社外高度人材への付与要件の緩和・認定手続の軽減

　中小企業等経営強化法施行規則の改正を前提に、適用対象となる特定従事者

に係る要件について、次の見直しを行います。

　イ　認定新規中小企業者等に係る要件のうち「新事業活動に係る投資及び指
　　導を行うことを業とする者が新規中小企業者等の株式を最初に取得する時
　　において、資本金の額が5億円未満かつ常時使用する従業員の数が900人
　　以下の会社であること」との要件を廃止します。

　ロ　社外高度人材に係る要件について、次の見直しを行います。

　㈠　「3年以上の実務経験があること」との要件を、金融商品取引所に上
　　場されている株式等の発行者である会社の役員については「1年以上の
　　実務経験があること」とし、国家資格を有する者、博士の学位を有する
　　者及び高度専門職の在留資格をもって在留している者については廃止し
　　ます。

　㈡　社外高度人材の範囲に、次に掲げる者を加えます

　　a　教授及び准教授

　　b　金融商品取引所に上場されている株式等の発行者である会社の重要
　　　な使用人として、1年以上の実務経験がある者

　　c　金融商品取引所に上場されている株式等の発行者である会社以外の
　　　一定の会社の役員及び重要な使用人として、1年以上の実務経験があ
　　　る者

　　d　製品又は役務の開発に2年以上従事した者であって、本邦の公私の
　　　機関の従業員としてその製品又は役務の開発に従事していた期間の開
　　　始時点に対し、終了時点におけるその機関の全ての事業の試験研究費
　　　等が40%以上増加し、かつ、終了時点におけるその機関の全ての事業
　　　の試験研究費等が2,500万円以上であること等の一定の要件を満たす
　　　もの

　　e　製品又は役務の販売活動に2年以上従事した者であって、本邦の公
　　　私の機関の従業員としてその製品又は役務の販売活動に従事していた
　　　期間の開始時点に対し、終了時点におけるその機関の全ての事業の売
　　　上高が100%以上増加し、かつ、終了時点におけるその機関の全ての
　　　事業の売上高が20億円以上であること等の一定の要件を満たすもの

　　f　資金調達活動に2年以上従事した者であって、本邦の公私の機関の

従業員等としてその資金調達活動に従事していた期間の開始時点に対し、終了時点におけるその機関の資本金等の額が100％以上増加し、かつ、終了時点におけるその機関の資本金等の額が1,000万円以上であること等の一定の要件を満たすもの

④　権利行使時手続の利便化

権利者が新株予約権に係る付与決議の日においてその新株予約権の行使に係る株式会社の大口株主等に該当しなかったことを誓約する書面等の提出に代えて、電磁的方法によりその書面等に記載すべき事項を記録した電磁的記録を提供できることとする等、所要の措置を講ずるものとします（新措法29の2②）。

⑤　その他所要の措置を講じます。

（3－1）ストックオプション税制の拡充 (所得税・個人住民税)
（特定の取締役等が受ける新株予約権等の行使による株式の取得に係る経済的利益の非課税等の拡充） `拡充`

● スタートアップの人材確保や従業員のモチベーション向上に資する**ストックオプション税制**について、①**発行会社自身による株式管理スキームを創設**するとともに、②**年間権利行使価額の限度額**を最大で現行の3倍となる**3,600万円へ引上げ**、③**社外高度人材への付与要件を緩和・認定手続を軽減する**等の**拡充**を行う。

`現行制度`

① **株式保管委託要件**：
非上場段階で権利行使後、証券会社等に保管委託することが必要
② **権利行使価額の限度額**：1,200万円/年
③ **社外高度人材**：
一定の要件を満たした社外高度人材が対象

`改正概要`

① **株式保管委託要件**：　新たな株式管理スキームを創設し、発行会社による株式の管理も可能とする
② **権利行使価額の限度額**：
設立5年未満の会社が付与したものは、2,400万円/年
設立5年以上20年未満の会社*が付与したものは、3,600万円/年
*非上場又は上場後5年未満の上場企業
③ **社外高度人材**：新たに、非上場企業の役員経験者等を追加し、国家資格保有者等に求めていた3年以上の実務経験の要件を撤廃するなど、対象を拡大

`税制適格ストックオプション`

□ 権利行使時の経済的利益には課税せず
株式譲渡時まで課税繰延

□ **譲渡所得として課税**

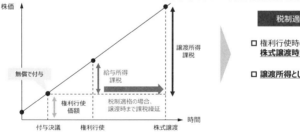

18

（参考１）発行会社自身による株式管理スキームの創設

- 非上場の段階で税制適格ストックオプションを行使し、株式に転換した場合、税制の対象となるには、**証券会社等と契約し、専用の口座を従業員ごとに開設した上で当該株式を保管委託する必要**がある。
- こうした対応には、**金銭コスト・時間・手続負担がかかるとの声**がある。特にM&Aについては短期間での権利行使が必要となる場合もあり、**スタートアップの円滑なM&AによるEXITを阻害**するとの声もある。
- このような状況を踏まえ、**譲渡制限株式**について、**発行会社による株式の管理等がされる場合**には、**証券会社等による株式の保管委託に代えて発行会社による株式の管理も可能**とする。

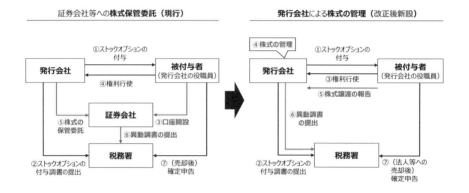

（参考２）年間の権利行使価額の限度額の引上げ

- ユニコーン企業を目指して**スタートアップが大きく成長するためには**、レイター期から上場前後の**企業価値が高くなった時期に更なる成長に必要な優秀な人材を採用する必要**がある。
- スタートアップの人材獲得力向上のため、一定の株式会社が付与するストックオプションについて**年間の権利行使価額の限度額を引き上げる**。
  - **上限2,400万円/年への引上げ：設立5年未満の株式会社が付与するストックオプション**
  - **上限3,600万円/年への引上げ：設立5年以上20年未満の株式会社**のうち、**非上場又は上場後5年未満の上場企業が付与するストックオプション**

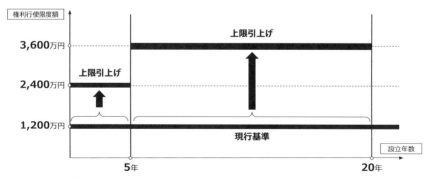

（出典：経済産業省「令和６年度（2024年度）経済産業関係　税制改正について」26
　　　～28頁）

【4】適用関係

改正後の措法29の２①の規定は、令和６年分以後の所得税について適用し、令和５年分以前の所得税については、なお従前の例によります（令６改正法附則31①）。

なお、社外高度人材への付与要件の緩和に関しては、改正中小企業等経営強化施行行規則の施行後（令和６年４月１日を予定）における適用となります。

（棟田　裕幸）

４．エンジェル税制の拡充等

【１】制度の概要

(1) エンジェル税制

　エンジェル税制とは、ベンチャー企業への投資を促進する観点から、ベンチャー企業へ投資を行った個人投資家について講じられた税制上の優遇措置です。

① 投資段階の優遇措置

　下記のいずれかを選択できます。

　Ⅰ．特定中小会社が発行した株式の取得に要した金額の控除等

　　特定中小会社（設立の日以後10年を経過していない株式会社等をいいます。以下同じです。）が発行した株式（以下「特定株式」といいます。）の払込み（株式の発行に際してするものに限ります。以下同じです。）による取得（いわゆるストック・オプション税制の適用を受けるものを除きます。以下同じです。）に要した金額の合計額のうち一定の金額を、一般株式等に係る譲渡所得等の金額または上場株式等に係る譲渡所得等の金額の計算上控除することができます（旧措法37の13①）。

　Ⅱ．特定新規中小会社が発行した株式を取得した場合の課税の特例（寄附金控除）

　　特定新規中小会社（設立の日以後５年を経過していない株式会社等をいいます。）が発行した株式の払込みによる取得に要した金額のうち一定の金額（800万円を限度とします。）については、寄附金控除の適用を受けることができます（旧措法41の19①）。

② 譲渡段階の優遇措置（特定中小会社が発行した株式に係る譲渡損失の繰越控除等）

　譲渡損失及び価値喪失損失について、優遇措置があります。

　Ⅰ．譲渡損失

　　払込みにより取得した特定株式の売却により生じた損失の金額のうち、一般株式等に係る譲渡所得等の金額の計算上控除しても、なお控除しきれない部分の金額がある場合には、上場株式等に係る譲渡所得等の金額を限度として、上場株式等に係る譲渡所得等の金額の計算上控除することができ、この

スタートアップの資金調達①　－エンジェル税制現行制度－

投資段階の優遇措置

優遇措置①
（設立１０年未満の企業が対象）
対象企業への投資額全額を
その年の株式譲渡益から控除
※控除対象となる投資額の上限なし

選択適用

優遇措置②
（設立５年未満の企業が対象）
（対象企業への投資額－２，０００円）を
その年の総所得金額から控除
※控除対象となる投資額の上限は、
総所得金額×４０％と８００万円のいずれか低い方

※　両優遇措置により控除した額は、株式の取得価額から差し引き、株式売却時に課税される。

○　**エンジェル税制の対象となる企業の要件：**
①　中小企業者であること（中小企業等経営強化法上の定義）
②　設立経過年数に応じた要件（試験研究費など（宣伝費、マーケティング費用含む）の収入に対する割合等）
○　**投資方法：**
①　直接投資
②　民法上の組合及びファンド経由の投資
③　経済産業大臣認定ファンド等経由の投資
※　（認定）ファンドについては、金融資産１億円以上の投資家のみを勧誘できる。
○　**投資額：**株式の取得に際して払い込みをした額

譲渡段階の優遇措置

未上場スタートアップ株式の売却により損失が生じたときは、その年の他の株式譲渡益から、その損失額を控除可能。
さらに、控除しきれなかった損失額については、翌年以降３年間にわたって、繰越控除が可能。
※　スタートアップ企業が上場しないまま、破産、解散等をして株式の価値がなくなった場合にも、同様に３年間の繰越控除が可能。

（出典：財務省　資料（スタートアップ関連税制）スタートアップの資金調達①　エンジェル税制現行制度　自由民主党税制調査会　令和５年11月30日）

特例を適用してもなお控除しきれない部分の金額がある場合には、翌年以後３年間にわたり、一般株式等に係る譲渡所得等の金額および上場株式等に係る譲渡所得等の金額から繰越控除することができます（旧措法37の13の３⑦）。

Ⅱ．価値喪失損失

特定中小会社が解散し清算結了したことや、破産手続開始の決定を受けたことにより、特定株式が株式としての価値を失ったことによる損失が生じた場合には、その特定株式を譲渡したことと、その損失の金額はその特定株式を譲渡したことにより生じた損失の金額とそれぞれみなして、一般株式等に係る譲渡所得等の金額を計算するとともに、上記Ⅰの特例を適用することができます（旧措法37の13の３①、旧措令25の12の３③）。

⑵　スタートアップへの再投資に係る非課税措置（特定新規中小企業者がその設立の際に発行した株式の取得に要した金額の控除等）

スタートアップへの再投資に係る非課税措置とは、保有する株式を売却し、

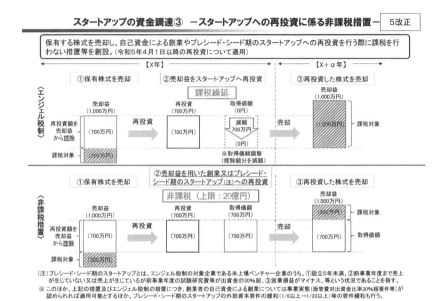

（出典：財務省　資料（スタートアップ関連税制）スタートアップの資金調達③　ス
　　　　タートアップへの再投資に係る非課税措置　自由民主党税制調査会　令和5
　　　　年11月30日）

自己資金による創業やプレシード・シード期のスタートアップへの再投資を行
う際に課税を行わない等の優遇措置であり、令和5年度税制改正において創設
されました。

① 投資段階の優遇措置

　特定新規中小企業者（設立の日以後の期間が一年未満の株式会社等をいいま
す。）がその設立の際に発行した株式（以下「設立特定株式」といいます。）の
払込みによる取得に要した金額の合計額のうち一定の金額を、一般株式等に係
る譲渡所得等の金額または上場株式等に係る譲渡所得等の金額の計算上控除す
ることができます（旧措法37の13の2①）。

② 譲渡段階の優遇措置

　設立特定株式の払込みの金額のうち20億円を上限として株式等に係る譲渡所
得等の金額が非課税となり、その上限を超えた部分については、取得価額から
控除して課税を繰り延べます（旧措法37の13の2④、旧措令25の12の2⑦）。

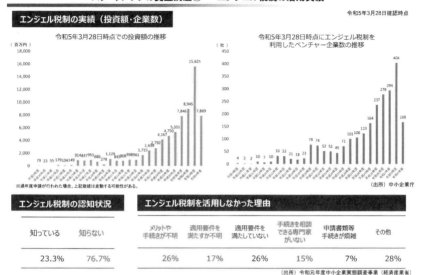

(出典：財務省 資料（スタートアップ関連税制）スタートアップの資金調達② エンジェル税制の活用実績 自由民主党税制調査会 令和5年11月30日)

【2】改正の背景

　財務省より公表されている「スタートアップの資金調達② エンジェル税制の活用実績」によりますと、エンジェル税制を利用したベンチャー企業数は、最も多い年度でも約400社、エンジェル税制の認知状況は「知らない」が約77％となっており、エンジェル税制の認知度が低く、利用実績は少ない状況となっています。

　また、エンジェル税制を活用しなかった理由として「メリットや手続きが不明」「適用要件を満たすか不明」「適用要件を満たしていない」「申請書類等手続きが煩雑」が76％を占め、活用しにくい状況にあることが読み取れます。

【3】改正の内容

　エンジェル税制とスタートアップへの再投資に対する非課税措置について、次の改正が行われます。

(1) 特定中小会社が発行した株式の取得に要した金額の控除等及び特定中小会

社が発行した株式に係る譲渡損失の繰越控除等

① 適用範囲の拡充

  Ⅰ．適用対象となる金額の範囲に一定の新株予約権の行使により取得をした
ものである場合における新株予約権の取得に要した金額が追加されます。

  Ⅱ．中小企業等経営強化法施行規則の改正を前提に、適用対象に一定の信託
を通じて取得をした場合が追加されます。

② 計算方法の見直し

  本特例の適用を受けた株式の取得価額の計算方法について、特定新規中小会
社が発行した株式を取得した場合の課税の特例の適用を受けた株式の取得価額
の計算方法と同様とする見直しが行われます。

(2) 特定新規中小会社が発行した株式を取得した場合の課税の特例（寄附金控
除）

① 国家戦略特別区域法に規定する特定事業を行う株式会社が行う確認手続等

  Ⅰ．次に掲げる書類については、国家戦略特別区域担当大臣へ提出する申請
書への添付が不要となります。

   ● 株式の発行を決議した株主総会の議事録の写し、取締役の決定があっ
たことを証する書面又は取締役会の議事録の写し

   ● 個人が取得した株式の引受けの申込み又はその総数の引受けを行う契
約を証する書面

  Ⅱ．その株式会社により発行される株式の発行期限が令和8年（2026年）3
月31日まで2年延長されます（新措法41の19①四）。

② 地域再生法に規定する特定地域再生事業を行う株式会社が行う確認手続等

  Ⅰ．次に掲げる書類については、認定地方公共団体へ提出する申請書への添
付が不要となります。

   ● 株式の発行を決議した株主総会の議事録の写し、取締役の決定があっ
たことを証する書面又は取締役会の議事録の写し

   ● 個人が取得した株式の引受けの申込み又はその総数の引受けを行う契
約を証する書面

  Ⅱ．その株式会社により発行される株式の発行期限が令和8年（2026年）3
月31日まで2年延長されます（新措法41の19①五）。

(3)　その他所要の措置が講じられます。

（3－2）エンジェル税制の拡充等 (所得税・個人住民税)　　　　　拡充等

- ● エンジェル税制について、株式譲渡益を元手としたスタートアップへの再投資に対する非課税措置も含め、**一定の新株予約権の取得金額も対象に加える**ほか、**信託を通じた投資の対象化等**の拡充を行う。
- ● さらに、与党税制改正大綱において、**株式譲渡益を元手とする再投資期間の延長について、令和7年度税制改正において、引き続き検討**する方針が明記された。

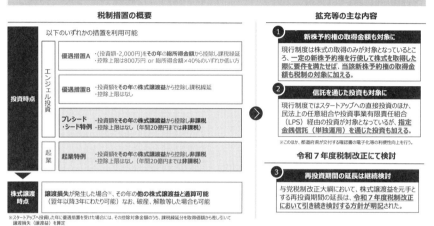

（出典：経済産業省「令和6年度（2024年度）　経済産業関係　税制改正について」
30頁）

【4】今後の方向性

　令和6年度税制改正大綱の「令和6年度税制改正の基本的考え方」において、下記の通り、再投資期間の延長については、令和7年度税制改正において引き続き検討される旨が記載されています。

　「「入口」、「事業展開」に関して、エンジェル税制については、令和5年度税制改正により措置されたスタートアップへの再投資に係る非課税措置を含め、再投資期間の延長について、令和7年度税制改正において引き続き検討する。」
（出典：令和6年度税制改正大綱　令和5年12月14日　自由民主党　公明党）

（近藤　光男）

5. 子育て支援政策税制（生命保険料控除の拡充・令和7年度見込み）

【1】制度の概要

　令和6年税制改正大綱の基本的な考え方のひとつに「子育て支援」があります。

　子供を産み育てることを経済的理由であきらめない社会を実現するとし、岸田政権が掲げる「異次元の少子化対策」を税制面からも後押しする内容が盛り込まれています。

　子育て世帯の税優遇の一つとして生命保険料控除の適用限度額の引き上げが検討されており、扶養控除等の見直しと併せて行う子育て支援税制として、令和7年度税制改正において次の方向性で検討して結論を得ることとされていますので、令和6年度税制改正において改正が行われるわけではありませんが、令和7年度税制改正においては、次の方向性で改正が行われるものと思われます。

【2】改正の背景

　遺族保障は、将来の遺族の生活費やこどもの教育費用への備えとして重要です。

　また、人生100年時代を迎え、今後は老後生活に向けた資産形成、医療のニーズへの自助による備えが一層重要とされており、こうした状況下において、生命・介護医療・個人年金保険が持つ私的保障の役割はますます大きなものとなっています。

　少子高齢化の急激な進展や働き方・ライフスタイルの多様化など様々な要因により社会環境が変化し、経済の先行きに対する不透明感が高まる中においても、将来に向けた保障や資産形成への備えを継続する一助となり、ひいては、国民の相互扶助のための環境を整備し、生命保険料控除制度を拡充することで国民生活の安定及び国民経済の健全な発展に資すると考えられています。

【3】現行制度

　納税者が生命保険料等を支払った場合、1年間に払い込んだ支払保険料の金額に応じ、所得税額・住民税額の計算上、一定額の所得控除を受けることができます。これを生命保険料控除といいます（所法76）。

　生命保険料控除は平成24年1月1日以後に締結した保険契約等に係る保険料と平成23年12月31日以前に締結した保険契約等に係る保険料では、保険契約の締結時期によって適用される制度が異なり、控除額や控除区分も変わります。

払い込み保険料額に応じた控除額は次のとおりです。

・新契約（平成24年1月1日以後に締結した保険契約等）の基づく場合の控除額

年間の支払保険料等	控除額
20,000円以下	支払保険料全額
20,000円超40,000円以下	支払保険料等×1／2＋10,000円
40,000円超80,000円以下	支払保険料等×1／4＋20,000円
80,000円超	一律40,000円

・旧契約（平成23年12月31日以前に締結した保険契約等）の基づく場合の控除額

年間の支払保険料等	控除額
25,000円以下	支払保険料全額
25,000円超50,000円以下	支払保険料等×1／2＋12,500円
50,000円超100,000円以下	支払保険料等×1／4＋25,000円
100,000円超	一律50,000円

　現行制度の新契約では支払保険料が8万円を超えると4万円（上限）が、旧契約では支払保険料が10万円を超えると5万円（上限）が、それぞれその年の所得から控除されます。これによって課税所得が低くなり所得税・住民税の負担が軽減されます。

区分	新制度限度額		旧制度限度額	
一般生命保険料控除 （遺族保障等）	所得税 住民税	40,000円 28,000円	所得税 住民税	50,000円 35,000円
介護医療保険料控除 （介護医療・医療保障等）	所得税 住民税	40,000円 28,000円		— —
個人年金保険料控除 （老後保障等）	所得税 住民税	40,000円 28,000円	所得税 住民税	50,000円 35,000円
合計限度額	所得税 住民税	120,000円 70,000円	所得税 住民税	100,000円 70,000円

【4】改正の内容

① 生命保険料控除の拡充

生命保険料控除における新生命保険料に係る一般枠（遺族保障）について、23歳未満の扶養親族がいる世帯であれば、所得税の適用限度額が2万円上乗せされ、4万円から最大6万円に拡充されます。

- ・一般生命保険料　　40,000円→<u>60,000円</u>
- ・介護医療保険　　　40,000円（改正なし）
- ・個人年金保険　　　40,000円（改正なし）

ただし、一般生命保険料控除、介護医療保険料控除、個人年金保険料控除の合計適用限度額は、改正前の12万円のまま据え置かれ、2万円上乗せされた14万円に増えるわけではないので、注意が必要です。

② 一時払い生命保険

一時払いの生命保険は、既にある程度資産を保有している者が利用するケースが多く、万が一のリスクへの備えに対する自助努力への支援という制度の趣旨と合致しないと考えられることから控除の適用対象から除外されています。

6. 住宅ローン控除と子育て世代の優遇（特例対象個人）

【1】改正の概要（住宅ローン控除拡充）

住宅ローン控除（住宅借入金等特別控除）とは、借入金を利用して住宅を取得した場合、住宅借入金年末残高に控除率を乗じた額を、居住の用に供した年分以後の所得税・住民税から控除することができる制度です（措法41）。

令和6年税制改正大綱では、この住宅ローン控除についても子育て世代に対する手厚い優遇傾向が色濃くなっています。

現下の急激な住宅価格の上昇等の状況も踏まえ、子育て世代への税制面の支援を強化するため、子育て世代及び若者夫婦世帯に限り現在の制度を維持する方針となりました。

省エネ住宅の住宅借入金等限度額は、令和4年税制改正により令和4年から令和7年入居の場合に適用される住宅借入金等を有する場合の所得税額の特別控除の制度が見直され、令和6年から住宅等の区分及び居住年に応じて借入限度額や控除期間が変わり、引き下げが予定されていました。

　しかし、特例対象個人（※注1）が認定住宅等の新築等（※注2）をして、令和6年中（令和6年1月1日から令和6年12月31日までの間）に居住の用に供した場合には、令和6年に限り一定の上乗せ措置を講ずることで、令和4・5年入居の場合の水準を維持することになりました。

　そのほかの世帯についての変更はなく、予定通り令和6年から引き下げられます。

　また、今回の改正によって子育て世代の住宅借入金等特別控除の制度が維持されたのは、認定住宅等の新築等の場合であって、中古住宅については今回の改正による上乗せ措置はありません。

※　注1　特例対象個人

　ア　個人で、年齢40歳未満であって配偶者を有する者

　イ　年齢40歳以上であって年齢40歳未満の配偶者を有する者又は年齢19歳未満の扶養親族を有する者

となっていて、現在子育て中の世帯だけではなく、今後子育ての可能性のある世帯も含まれています。

　この場合において、年齢40歳未満・年齢19歳未満であるかどうかの判定、その個人の配偶者又は扶養親族に該当するかどうかの判定は、令和6年12月31日（これらの者が年の中途において死亡した場合にはその死亡の時）の現況によるものとします（新措法41⑭）。

※　注2　認定住宅等の新築等

　　認定住宅等の新築若しくは認定住宅等で建築後使用されたことのないものの取得又は買取再販認定住宅等の取得をいいます。

⑴　改正の内容

①　特例対象個人の住宅ローン減税の借入金限度額の拡充と床面積要件の緩和

　　特例対象個人が認定住宅等の新築等をして、令和6年中に居住の用に供した場合には、令和6年に限り、認定住宅については5,000万円（500万円上乗せ）、ZEH水準省エネ住宅については4,500万円（1,000万円上乗せ）、省エネ基準適合住宅については4,000万円（1,000万円上乗せ）となり、令和4・5年入居の

場合の水準を維持することになります（新措法41⑬）。

　また、子育て世帯においては通勤・通学にとって利便性の高い駅近が重要視されることから、特例対象個人であって合計所得金額が1,000万円以下の者に限り、新築住宅の床面積要件が50m²以上から40m²以上に緩和されます。

（改正前）

住宅ローン減税の概要について（令和4年度税制改正後）

○ 住宅の取得を支援し、その促進を図るため、住宅及びその敷地となる土地の取得に係る毎年の住宅ローン残高の0.7%を最大13年間、所得税から控除する制度（所得税から控除しきれない場合、翌年の住民税からも一部控除）。

新築／既存等	住宅の環境性能等	借入限度額		控除期間
		令和4・5年入居	令和6・7年入居	
新築住宅 買取再販(1)	長期優良住宅・低炭素住宅	5,000万円	4,500万円	13年間(2)
	ZEH水準省エネ住宅	4,500万円	3,500万円	
	省エネ基準適合住宅	4,000万円	3,000万円	
	その他の住宅(2)	3,000万円	0円(2)	
既存住宅	長期優良住宅・低炭素住宅 ZEH水準省エネ住宅 省エネ基準適合住宅	3,000万円		10年間
	その他の住宅	2,000万円		

(1)宅地建物取引業者により一定の増改築等が行われた一定の居住用家屋。
(2)省エネ基準を満たさない住宅。令和6年以降に新築の建築確認を受けた場合、住宅ローン減税の対象外。
（令和5年末までに新築の建築確認を受けた住宅に令和6・7年に入居する場合は、借入限度額2,000万円・控除期間10年間）

【主な要件】
①自らが居住するための住宅　　　④住宅ローンの借入期間が10年以上
②床面積が50m²以上（＊）　　　⑤引渡し又は工事完了から6ヶ月以内に入居
③合計所得金額が2,000万円以下（＊）　⑥昭和57年以降に建築又は現行の耐震基準に適合　　等

（＊）令和5年末までに建築確認を受けた新築住宅を取得等する場合、合計所得金額1,000万円以下に限り、床面積要件が40m²以上。

（国土交通省資料）

（改正後）

| | | | 住宅ローン減税の借入限度額及び床面積要件の維持（所得税・個人住民税） | | | |

2024年入居等の場合の借入限度額及び床面積要件について、以下（※今回の改正内容は下線）のとおり措置する。

		＜入居年＞	2022(R4)年	2023(R5)年	2024(R6)年	2025(R7)年
控除率：0.7%						**与党大綱** R7年度税制改正にてR6と同様の方向性で検討
借入限度額	新築住宅・買取再販	長期優良住宅・低炭素住宅	5,000万円		4,500万円 子育て世帯・若者夫婦世帯※：5,000万円【今回改正内容】	4,500万円
		ZEH水準省エネ住宅	4,500万円		3,500万円 子育て世帯・若者夫婦世帯※：4,500万円【今回改正内容】	3,500万円
		省エネ基準適合住宅	4,000万円		3,000万円 子育て世帯・若者夫婦世帯※：4,000万円【今回改正内容】	3,000万円
		その他の住宅	3,000万円		0円（2023年までに新築の建築確認：2,000万円）	
	既存住宅	長期優良住宅・低炭素住宅 ZEH水準省エネ住宅 省エネ基準適合住宅	3,000万円			
		その他の住宅	2,000万円			
控除期間	新築住宅・買取再販		13年（「その他の住宅」は、2024年以降の入居の場合、10年）			
	既存住宅		10年			
所得要件			2,000万円			
床面積要件			50㎡（新築の場合、2024（R6）年までに建築確認：40㎡【今回改正内容】（所得要件：1,000万円））			

※「19歳未満の子を有する世帯」又は「夫婦のいずれかが40歳未満の世帯」　　**与党大綱** R7年度税制改正にてR6と同様の方向性で検討

（出典：国土交通省「令和6年度国土交通省税制改正概要」）

②　床面積要件緩和措置の確認期限延長

　合計所得金額が1,000万円以下の者に限り、新築住宅の床面積要件が50㎡以上から40㎡以上に緩和する措置の建築確認期限が、令和5年12月31日から令和6年12月31日に延長されます。

　これは特例対象個人に限り適用されるものではなく、改正前のとおり、その年分の合計所得金額が1,000万円以下である者であれば、対象となります。

③　その他の要件等

　上記①と②について、その他の要件等は、改正前の住宅借入金を有する場合の所得税額の特別控除と同様となります。

④　適用関係

　特例対象個人の住宅借入金限度額の拡充は、適用対象者が令和6年1月1日から令和6年12月31日までの間に居住の用に供する場合に適用されます。

　令和7年については、令和7年度税制改正で令和6年と同様の方向性で検討

し、結論を得ることとされています。

⑤　その他、所要の措置が講じられます。

⑥　東日本大震災の被災者等に係る特例

東日本大震災の被災者等に係る住宅借入金等を有する場合の所得税額の特別控除額に係る特例について、特例対象個人である住宅被災者が認定住宅等の新築等をして令和6年中（令和6年1月1日から令和6年12月31日までの間）に居住の用に供した場合の再建住宅借入限度額の上乗せ措置は以下の表のとおりとなり、令和6年に限り現在の制度が維持されることとなります。

床面積要件緩和措置の確認期限の延長については、上記(1)②と同様です。

また、その他の要件等は、改正前の東日本大震災の被災者等に係る住宅借入金等を有する場合の所得税額の特別控除額の控除額に係る特例と同様です。

東日本住宅ローン控除借入限度額

住宅の区分	改正前 （令和6年・7年入居）	特例対象個人	特例対象個人 以外の世帯
認定住宅	4,500万円	5,000万円	4,500万円
ZEH水準省エネ住宅			
省エネ基準適合住宅			

令和6年度税制改正の概要
　その他：住宅ローン減税の被災者向け措置の借入限度額及び床面積要件の維持

改正概要

○　住宅ローン減税の被災者向け措置のうち、令和6年以降に変更が予定されている借入限度額及び床面積要件について、以下の通り維持する。

改正後の特例の内容

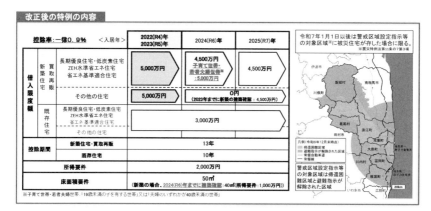

（出典：復興庁「令和6年度税制改正の概要　参考資料」）

⑵　子育て支援以外の新築等に係る特例措置の延長と所得要件の緩和

　認定住宅等の新築等をした場合の所得税額の特別控除について、適用対象者の合計所得金額要件が3,000万円以下から2,000万円以下に引きさげられ、併せてその適用期限が令和5年12月31日から令和7年12月31日まで2年延長されました。

　この規定は、適用対象者が認定住宅等の新築等をして、令和6年1月1日以後に自己の居住の用に供した場合について適用されます（令6改正法附則36）。

⑶　住民税

　個人住民税については、所得税における上記⑴の見直しに伴い、所要の措置が講じられます。

　所得税額から控除しきれない額については、改正前の制度と同じ控除限度額の範囲内で個人住民税から控除され、この措置による個人住民税の減収額は、全額国費で補填されることとなっています。

【2】既存住宅のリフォームに係る所得税の特例措置

　子育て世代に対する優遇措置は住宅ローン控除にとどまらず、リフォーム支援についても見直されました。

　2020年の出生数は約77万人と過去最低で、子育てに対する不安や負担が大きいことが少子化の要因のひとつであるとされています。

　「こども未来戦略方針」にも「子育てにやさしい住まいの拡充を目指し、住宅支援を強化する」と位置付けられていることもあり、特例対象個人が所有する居住用家屋について、住宅内における事故を防止するための工事等一定の子育てに対応したリフォーム工事が特例措置の対象に追加されます。

⑴　改正の内容

①　子育て対応リフォーム工事特例措置の拡充

　特例対象個人が、自己の所有する居住用家屋に一定の子育て対応リフォームをし、令和6年4月1日から12月31日の間に居住の用に供した場合は、そのリフォーム代金の10％の金額を、その特例対象個人のその年分の所得税額から控除することができることとなります（新措法41の19の3⑦）。

　　イ　適用対象工事：適用対象となる子育て対応改修工事（以下「対象子育て対応改修工事等」といいます。）は、以下に掲げる工事であって、その工事に係る標準的な工事費用相当額（補助金等の交付がある場合は補助金等の額控除後の金額）が50万円を超えるなど一定の要件を満たすものとなります。

　　　・住宅内における子供の事故を防止するための工事

　　　・対面式キッチンへの交換工事

　　　・開口部の防犯性を高める工事

　　　・収納設備を増設する工事

　　　・開口部・界壁・床の防音性を高める工事

　　　・間取り変更工事（一定のものに限ります。）

　　ロ　控除額：標準的な工事費用相当額（250万円限度）の10％相当額（百円未満切捨て・最大25万円）をその年分の所得税から控除することができます。

　　　　標準的な工事費用相当額とは、対象子育て対応改修工事等の種類ごとに標準的な工事費用の額として定められた金額にその対象子育て対応改修工

事等を行った箇所数等を乗じて計算した金額をいいます。

ハ　適用対象者：適用対象者は特例対象個人であって、その年分の合計所得
　金額が2,000万円以下の者となります。

ニ　その他：その他の要件等は、既存住宅に係る特定の改修工事をした場合
　の所得税額の特別控除と同様となります。

既存住宅のリフォームに係る特例措置の拡充・延長（所得税）

既存住宅の耐震・バリアフリー・省エネ・三世代同居・長期優良住宅化リフォームに係る特例措置を2年間延長するとともに、こども・子育て政策の抜本的強化に向けて、「こどもまんなかまちづくり」を推進するため、子育てに対応した住宅へのリフォームに係る所得税の特例措置を新たに講じる。

施策の背景

➤ 2022年の出生数は約77万人と過去最低で、少子化は危機的状況。
➤ 子育てに対する不安や負担が大きいことが少子化の要因の一つであることを踏まえ、住宅のハード面の性能向上により子育ての負担の軽減を図る必要がある。
⇒ 子育てに対応した住宅へのリフォームを支援し、子育て世帯の居住環境を改善。

経済財政運営と改革の基本方針2023（令和5年6月16日閣議決定）

○ こども・子育て政策は最も有効な未来への投資であり、「こども未来戦略方針」に沿って、政府を挙げて取組を抜本強化し、少子化傾向を反転させる。
○ 子育てしやすい地方への移住や子育てを住まいと周辺環境の観点から応援する「こどもまんなかまちづくり」を推進する

こども未来戦略方針（令和5年6月13日閣議決定）

○ …子育てにやさしい住まいの拡充を目指し、住宅支援を強化する。具体的には、…既存の民間住宅ストックの活用を進める。

要望の結果

① 現行の措置を2年間（令和6年1月1日～令和7年12月31日）延長する。

② 子育て世帯等※1が子育てに対応した住宅へのリフォーム※2を行う場合に、標準的な工事費用相当額の10％等※3を所得税から控除する。（適用期限：令和6年12月31日）

与党大綱　R7年の措置について、R7年度税制改正にて同様の方向性で検討

対象工事		対象工事限度額	最大控除額（対象工事）
耐震		250万円	25万円
バリアフリー		200万円	20万円
省エネ		250万円（350万円）※4	25万円（35万円）※4
三世代同居		250万円	25万円
長期優良住宅化	耐震＋省エネ＋耐久性	500万円（600万円）※4	50万円（60万円）※4
	耐震or省エネ＋耐久性	250万円（350万円）※4	25万円（35万円）※4
子育て〔拡充〕		250万円	25万円

※1「19歳未満の子を有する世帯」又は「夫婦のいずれかが40歳未満の世帯」
※2 ①住宅内における子どもの事故を防止するための工事、②対面式キッチンへの交換工事、③開口部の防犯性を高める工事、④収納設備を増設する工事、⑤開口部・界壁・床の防音性を高める工事、⑥間取り変更工事（一定のものに限る。）
※3 対象工事の限度額超過分及びその他増改築等工事についても一定の範囲内で5％の税額控除
※4 カッコ内の金額は、太陽光発電設備を設置する場合

子育てに対応した住宅への主なリフォームイメージ

転落防止の手すりの設置　可動式間仕切り壁の設置
対面式キッチンへの交換　防音性の高い床への交換

（出典：国土交通省「令和6年度　国土交通省住宅税制改正概要」）

② 適用関係

　この規定は、適用対象者が対象子育て対応改修工事等をして令和6年4月1
日から令和6年12月31日までの間に居住の用に供する場合に適用されます。

　令和7年については、令和7年度税制改正で令和6年と同様の方向性で検討
し、結論を得ることとされています。

⑵　子育て支援以外の既存住宅のリフォームに係る特例措置の延長と所得要件
　の緩和

①　改正の概要

　我が国の住宅ストックは個数的に充足する一方で、総世帯数は減少傾向にあ

ります。

　そのため、既存住宅の改修を行う者に対して適切なインセンティブを与え、性能向上リフォームを推進することにより、耐震性等に優れた良質な住宅ストックを形成し、既存住宅流通・リフォーム市場の活性化を目指すことが必要とされています。

② 改正の内容

　イ　既存住宅の耐震改修工事をした場合の所得税額の特別控除の適用期限が令和5年12月31日から令和7年12月31日まで2年延長されました。

　ロ　既存住宅に係る特定の改修工事をした場合の所得税額の特別控除の適用期限が令和5年12月31日から令和7年12月31日まで2年延長され、併せて適用対象者の合計所得金額要件が3,000万円から2,000万円に引き下げられました。

　　　また、この税額控除の適用対象となる省エネ改修工事のうち省エネ設備の取替えまたは取付け工事については、エアコンに係る基準エネルギー消費効率の引き上げに伴い、この工事の対象設備となるエアコンの省エネルギー基準達成率が現行の114%以上から107%以上に変更されました。

③ 適用関係

　ロの規定は、適用対象者がバリアフリー改修工事、一般省エネ改修工事、多世帯同居改修工事等、住宅耐震改修又は耐久性向上改修工事等をして、令和6年1月1日以後に自己の居住の用に供した場合について適用されます（令6改正法附則35）。

（藤野　智子）

7．居住用財産の買換え等の場合の譲渡損失の繰越控除等の延長等

【1】特定の居住用財産の買換え等の場合の長期譲渡所得の課税の特例の延長

(1) 制度の概要

　この制度は、個人が、譲渡の年の1月1日における所有期間が10年超の国内にある居住用財産で、居住の用に供している期間が10年以上のものを令和5年12月31日までに譲渡し、かつ、譲渡の日の属する年の前年1月1日から翌年12月31日までの間に買換資産を取得してその買換資産を譲渡年の翌年12月31日ま

で（譲渡年の翌年に取得した場合には、取得した年の翌年12月31日まで）に自己の居住の用に供した場合は、譲渡益に対する課税を繰り延べる制度です（措法36の2）。

　譲渡資産の譲渡対価に係る要件及び買換資産が建物の場合は床面積が50m²以上で、その家屋の敷地となる土地等である場合は地積が500m²以下であるなど、種々の要件があります。

　また、令和4年度の改正により、買換資産が令和6年1月1日以後に建築確認を受ける住宅（登記簿上の建築日付が同年6月30日以前のものを除きます。）又は建築確認を受けない住宅で登記簿上の建築日付が同年7月1日以降のものである場合の要件にその住宅が一定の省エネ基準を満たすものであることが加えられています。

⑵　改正内容

　適用期限（譲渡日）が令和5年12月31日までだったものが令和7年12月31日までの2年間延長されます（新措法36の2）。

【2】居住用財産の買換え等の場合の譲渡損失の繰越控除等の延長

①　適用期限（譲渡日）が令和7年12月31日まで2年間延長されます。この改正は、令和6年分及び令和7年分の所得税と令和7年度分及び令和8年度分の個人住民税について適用されます（新措法41の5、新地法附則4）。

②　所要の経過措置を講じた上で、本特例の適用を受けようとする個人が買換資産の住宅借入金等に係る債権者に対して住宅取得資金に係る借入金等の年末残高等調書制度の適用申請書の提出をしている場合には、住宅借入金等の残高証明書の確定申告書等への添付が不要とされます（改正後措規事項と思われます。）。

　（注）　上記②の改正は、令和6年1月1日以後に行う譲渡資産の譲渡について適用されます。

【3】特定居住用財産の譲渡損失の繰越控除等の延長

　特定居住用財産の譲渡損失の繰越控除等については、適用期限（譲渡日）が令和7年12月31日まで2年間延長されます。

　この改正は、令和6年分及び令和7年分の所得税と令和7年度分及び令和8年度分の個人住民税について適用されます（新措法41の5の2、新地法附則4

の2）。

8．不動産取得税・譲渡契約書・新築住宅の特例の延長

【1】

　宅地評価土地の取得に係る不動産取得税の課税標準を価格の2分の1とする特例措置の適用期限が令和9年3月31日まで3年間延長されます（新地法附則11の5）。

【2】

　住宅及び土地の取得に係る不動産取得税の標準税率（本則4％）を3％とする特例措置の適用期限が令和9年3月31日まで3年間延長されます（新地法附則11の2）。

【3】新築の認定長期優良住宅に係る不動産取得税の課税標準の特例の延長

　新築の認定長期優良住宅に係る不動産取得税の課税標準の特例について、適用期限が令和8年3月31日まで2年間延長されます（新地法附則11⑧）。

　不動産取得税の課税標準の算定については、新築の認定長期優良住宅に一戸につき、1,300万円（一般住宅に係る課税標準の算定については、一戸につき、1,200万円）を課税標準である価格から控除します（地法73の14①、新地法附則11⑧）。

【4】不動産の譲渡に関する契約書等に係る印紙税の税率の特例措置の延長

　不動産の譲渡に関する契約書等に係る印紙税の税率の特例措置について、適用期限が令和9年3月31日まで3年間延長されます（新措法91①・②）。

契約金額		本則	特例措置
不動産の譲渡に関する契約書	建設工事の請負に関する契約書		
10万円超　50万円以下	100万円超　200万円以下	400円	200円（50％減）
50万円超　100万円以下	200万円超　300万円以下	1,000円	500円（50％減）
100万円超　500万円以下	300万円超　500万円以下	2,000円	1,000円（50％減）
500万円超	1,000万円以下	1万円	5,000円（50％減）
1,000万円超	5,000万円以下	2万円	1万円（50％減）
5,000万円超	1億円以下	6万円	3万円（50％減）
1億円超	5億円以下	10万円	6万円（40％減）
5億円超	10億円以下	20万円	16万円（20％減）
10億円超	50億円以下	40万円	32万円（20％減）
50億円超		60万円	48万円（20％減）

（出典：国土交通省「令和6年国土交通省税制改正概要　説明資料」7頁下部表を加工）

【5】特定認定長期優良住宅及び認定低炭素住宅の所有権の保存登記等に対する登録免許税の税率の軽減措置の延長

　下記の住宅用家屋等の所有権の保存登記等に対する登録免許税の税率の軽減措置について、適用期限が令和９年３月31日まで３年間延長されます。

①　住宅用家屋の所有権の保存登記の税率の軽減（新措法72の２）

②　住宅用家屋の所有権の移転登記の税率の軽減（新措法73）

③　特定認定長期優良住宅の所有権の保存登記等の税率の軽減（新措法74）

④　認定低炭素住宅の所有権の保存登記等の税率の軽減（新措法74の２）

⑤　特定の増改築等がされた住宅用家屋の所有権の移転登記の税率の軽減（新措法74の３）

⑥　住宅取得資金の貸付け等に係る抵当権の設定登記の税率の軽減（新措法75）

〈登録免許税の税率〉

項　　目	本則	一般住宅	特定認定長期優良住宅	認定低炭素住宅	特定の増改築等がされた住宅用家屋
イ住宅用家屋の所有権保存登記	0.4%	0.15%	0.1%	0.1%	―
ロ住宅用家屋の所有権移転登記	2.0%	0.3%	戸建て0.2% 共同住宅0.1%	0.1%	0.1%
ハ住宅取得資金の貸付け等に係る抵当権の設定登記	0.4%	0.1%			

【6】新築住宅に係る固定資産税の減額措置の延長

　新築住宅に係る固定資産税の減額措置について、適用期限（新築期限）が令和８年３月31日まで２年間延長されます（新地法附則15の６）。

・固定資産税：床面積120㎡相当部分につき、次の減額がなされます。

　　①　一般の住宅：新築後３年間　税額1/2　を減額（新地法附則15の６①）

　　②　中高層住宅：新築後５年間　税額1/2　を減額（新地法附則15の６②）

【7】 新築の認定長期優良住宅に係る固定資産税の減額措置の延長

　新築の認定長期優良住宅に係る固定資産税の減額措置について、適用期限（新築期限）が令和8年3月31日まで2年間延長されます（新地法附則15の7）。

・固定資産税：120m²相当部分につき、次の減額がなされます。

　　① 　一般の住宅：新築後5年間　税額1/2　を減額（新地法附則15の7①）

　　② 　中高層住宅：新築後7年間　税額1/2　を減額（新地法附則15の7②）

　なお、新築の認定長期優良住宅のうち区分所有に係る住宅については、新築の認定長期優良住宅に係る固定資産税の減額措置に係る申告書の提出がなかった場合においても、長期優良住宅の普及の促進に関する法律に規定する管理者等から必要書類が提出され、かつ、その区分所有に係る住宅が減額措置の要件に該当すると認められるときは、その減額措置を適用することができることとされます（新地法附則15の7④）。

【8】 耐震改修等を行った住宅に係る固定資産税の減額措置の延長

⑴　耐震改修を行った住宅に係る固定資産税の減額措置について、適用期限（改修期限）が令和8年3月31日まで2年間延長されます（新地法附則15の9①）。

⑵　バリアフリー改修を行った住宅に係る固定資産税の減額措置について、適用期限（改修期限）が令和8年3月31日まで2年間延長されます（新地法附則15の9④）。

⑶　省エネ改修を行った住宅に係る固定資産税の減額措置について、適用期限（改修期限）が令和8年3月31日まで2年間延長されます（新地法附則15の9⑨・⑩）。

⑷　特例措置の内容

　工事翌年度（注1）の固定資産税の一定割合を減額します。

	減額割合	改修期限
耐震	1／2を減額	R8.3.31
バリアフリー	1／3を減額	
省エネ	1／3を減額	
長期優良住宅化（注2）	2／3を減額	

（注1）　特に重要な避難路として自治体が指定する道路の沿道にある住宅について、耐震改修をした場合は2年間1／2を減額（地法附則15の9①かっこ書き）、耐震改修をして認定長期優良住宅に該当することとなった場合は翌年度2／3を減額・翌々年度1／2を減額（地法附則15の7の2）

（注2）　耐震改修又は省エネ改修を行った住宅が認定長期優良住宅に該当することとなった場合（新地方附則15の9の2）

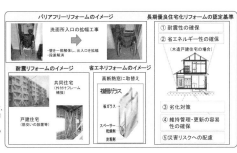

（出典：国土交通省「令和6年国土交通省税制改正概要　説明資料」22頁を一部加工）

（武地　義治）

Ⅱ　資産税関係の改正

1.　固定資産税の負担調整措置

【1】改正前の制度の概要

　固定資産税においては、土地・家屋について、3年に1回、評価替えを行い、価格の変化を反映することとなっており、令和6年度が評価替え年度です。宅地については、地価公示価格等の7割を目途として評価することとされつつも、評価替えに際しては、価格の変動に伴う税負担の激変を緩和するための負担調整措置等も併せて行ってきました。

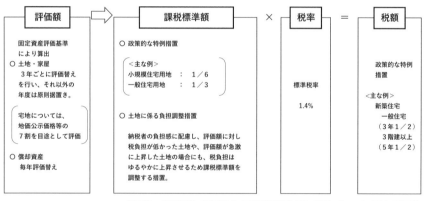

（出典：総務省「令和6年度税制改正（案）について」29頁）

　土地に係る固定資産税等の負担調整措置については、新型コロナウイルス感染症の影響等を踏まえ、令和3年度は、負担調整措置等により税額が増加する土地について前年度の税額に据え置き、令和4年度は、商業地に係る課税標準額の上昇幅を半減（改正前5％を2.5％へ半減）させる特別な措置が講じられたところです。しかしながら、令和5年度については、規定通りの負担調整措置（課税標準額の上昇幅は評価額の5％）が適用されました。

【2】改正の背景

　固定資産税は、市町村財政を支える基幹税であり、今後ともその税収の安定的な確保が不可欠です。土地に係る固定資産税については、平成9年度から負

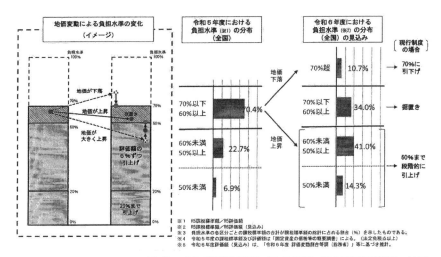

（出典：自民党税調2023.12.7資料「固定資産税等」4頁）

令和５年地価公示結果（令和５年３月発表・国交省）

(単位：%)

	住宅地					商業地					全用途				
	R3公示	R4公示	R5公示	R3公示～R5公示	(参考)H30公示～R2公示	R3公示	R4公示	R5公示	R3公示～R5公示	(参考)H30公示～R2公示	R3公示	R4公示	R5公示	R3公示～R5公示	(参考)H30公示～R2公示
全　　国	▲0.4	0.5	1.4	1.5	1.7	▲0.8	0.4	1.8	1.4	8.0	▲0.5	0.6	1.6	1.7	3.3
三大都市圏	▲0.6	0.5	1.7	1.6	2.8	▲1.3	0.7	2.9	2.3	15.1	▲0.7	0.7	2.1	2.1	5.7
東京圏	▲0.5	0.6	2.1	2.2	3.7	▲1.0	1.0	3.0	2.4	14.2	▲0.6	0.8	2.4	2.4	6.3
大阪圏	▲0.5	0.1	0.7	0.3	0.8	▲1.8	0.0	2.3	0.5	19.1	▲0.7	0.2	1.5	0.7	4.6
名古屋圏	▲1.0	1.0	2.3	2.3	3.1	▲1.7	1.7	3.4	3.4	12.6	▲1.1	1.2	2.6	2.7	5.5
地　方　圏	▲0.3	0.5	1.2	1.4	0.6	▲0.5	0.2	1.0	1.7	3.0	▲0.3	0.5	1.1	1.4	1.2
地方四市	2.7	5.8	8.6	18.0	14.2	3.6	5.7	8.1	17.8	31.4	2.9	5.8	8.5	18.1	19.0
その他	▲0.6	▲0.1	0.4	▲0.3	0.7	▲0.6	▲0.5	0.1	▲1.3	0.1	▲0.6	▲0.1	0.4	▲0.3	0.6

※１　「地方四市」とは、札幌市、仙台市、広島市、福岡市の４市をいう。
※２　Ｒ３公示、Ｒ４公示、Ｒ５公示の列は、対前年公示の伸び率。Ｒ３公示～Ｒ５公示の列は対Ｒ２公示のＲ５公示の伸び率。H30公示～Ｒ２公示の列は対H29公示のＲ２公示の伸び率。

（出典：自民党税調2023.12.7資料「固定資産税等」3頁）

担水準の均衡化を進めてきた結果、令和２年度の商業地等における負担水準は、据置特例の対象となる60％から70％までの範囲（据置ゾーン）内にほぼ収斂するに至っていますが、近年の地価上昇により、令和５年度の負担水準は、据置

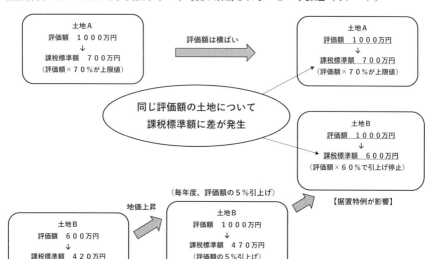

44

据置特例によって生じる、負担水準の不均衡が解消されないという課題（イメージ）

ゾーン内にある土地の割合が低下し、再びばらついた状態となっています。

【3】改正の内容

⑴ 土地に係る固定資産税の負担調整と地方公共団体の条例による減額制度を
　継続

　　令和6年度評価替えに反映される令和2年から令和5年までの商業地の地価
の状況を見ると、大都市を中心とした地価の上昇と地方における地価の下落が
混在する状況が継続しています。

　　このため、令和6年度評価替えにおいては、大都市を中心に、地価上昇の結
果、負担水準が下落し据置ゾーンを下回る土地が増加するなど、負担水準のば
らつきが拡大することが見込まれるところであり、まずは、そうした土地の負
担水準を据置ゾーン内に再び収斂させることに優先的に取り組むべきです。

　　このような状況を踏まえ、税負担の公平性等の観点から、納税者の負担感に
配慮しつつ、段階的に負担水準の均衡化を進めるため、令和6年度から令和8
年度までの間、土地に係る固定資産税の負担調整の仕組みと地方公共団体の条
例による減額制度を継続することとされました。

(2)　据置ゾーン内における負担水準の不均衡

　据置特例が存在することで、据置ゾーン内における負担水準の不均衡が解消されないという課題があります。本来、同じ評価額の土地については同じ税負担を求めることが基本です。このため、税負担の公平性の観点からは更なる均衡化に向けた取組みが求められます。

　これらを踏まえ、税負担の公平性や市町村の基幹税である固定資産税の充実確保の観点から、固定資産税の負担調整措置のあり方について引き続き検討を行うこととされました。

【4】留意点

　固定資産税の課税標準額については、以上のように負担調整措置及び条例減額制度がありますが、固定資産税評価額は3年に一度の評価替えにより上昇が見込まれます。

　このため、令和6年度は、相続税等の土地の評価額、不動産取得税・登録免許税の対象額が上昇することに留意する必要があります。

（長谷川　敏也）

2.　住宅取得等資金に係る贈与税の非課税措置等の延長

【1】概要

　住宅取得等資金に係る贈与税の非課税措置が、3年間延長されます。

　あわせて、親の年齢が60歳未満であっても相続時精算課税制度を選択できる特例措置が、3年間延長されます。

【2】改正前の制度の概要

(1)　非課税の特例（措法70の2）

　令和4年1月1日から令和5年12月31日までの間に、直系尊属からの贈与により、住宅取得等資金を取得した場合において、一定の要件を満たすときは、次の非課税限度額までの金額について、贈与税が非課税となります。

【非課税限度額】

質の高い住宅 (省エネ等住宅)	左記以外の住宅 (一般住宅)
1,000万円	500万円

(2) 質の高い住宅（省エネ等住宅）の要件（措令40の4の2⑧）

非課税限度額の上乗せ措置の適用対象となる質の高い住宅（省エネ等住宅）とは、次の①から③の省エネ等基準のいずれかに適合する住宅用の家屋であることにつき、住宅性能証明書など一定の書類を贈与税の申告書に添付することにより証明されたものをいいます。

新築住宅	①	断熱等性能等級4以上又は一次エネルギー消費量等級4以上
既存住宅	②	耐震等級（構造躯体の倒壊等防止）2以上または免震建築物
増改築	③	高齢者等配慮対策等級（専用部分）3以上

【3】改正の内容

(1) 適用期限の延長

住宅取得等資金に係る贈与税の非課税措置について、3年間（令和6年1月1日～令和8年12月31日）延長されます。

親の年齢が60歳未満であっても相続時精算課税制度を選択できる特例措置についても、3年間延長されます。

(2) 上乗せ措置の対象となる質の高い住宅（省エネ等住宅）の要件の改正

非課税限度額が500万円（一般住宅）から1,000万円へと上乗せされる「質の高い住宅（省エネ等住宅）」の要件について、新築住宅の省エネ性能要件をZEH水準とする下表の改正が行われます。

新築住宅	改正	① 断熱等性能等級5以上かつ一次エネルギー消費量等級6以上 ※ 令和5年末までに建築確認を受けた住宅又は令和6年6月30日までに建築された住宅は、断熱等性能等級4又は一次エネルギー消費量等級4以上
	改正なし	② 耐震等級2以上又は免震建築物 ③ 高齢者等配慮対策等級3以上
既存住宅 増改築	改正なし	① 断熱等性能等級4以上又は一次エネルギー消費量等級4以上 ② 耐震等級2以上又は免震建築物 ③ 高齢者等配慮対策等級3以上

住宅取得等資金に係る贈与税の非課税措置等の延長（贈与税・相続税）
認定住宅等の新築等をした場合の所得税額の特別控除の延長（所得税）

住宅取得環境が悪化する中、住宅取得に係る負担の軽減及び良質な住宅の普及を促進するため、住宅取得等資金に係る贈与税の非課税措置等を3年間延長するとともに、認定住宅等の新築等をした場合の所得税額の特別控除を2年間延長する。

要望の結果

住宅取得等資金に係る贈与税の非課税措置等

○　住宅取得等資金に係る贈与税の非課税措置について、以下のとおり3年間（令和6年1月1日～令和8年12月31日）延長する。

贈与税非課税限度額	質の高い住宅	一般住宅
	1,000万円	500万円

床面積要件　50㎡以上
※合計所得金額が1,000万円以下の受贈者に限り、40㎡以上50㎡未満の住宅についても適用。

質の高い住宅の要件　以下のいずれかに該当すること。

新築住宅	①断熱等性能等級5以上かつ一次エネルギー消費量等級6以上 ※令和5年末までに建築確認を受けた住宅又は令和6年6月30日までに建築された住宅は、 　断熱性能等級4又は一次エネルギー消費量等級4以上 ②耐震等級2以上又は免震建築物 ③高齢者等配慮対策等級3以上
既存住宅 ・増改築	①断熱等性能等級4又は一次エネルギー消費量等級4以上 ②耐震等級2以上又は免震建築物 ③高齢者等配慮対策等級3以上

○　親の年齢が60歳未満であっても相続時精算課税制度を選択できる特例措置についても、3年間延長する。

認定住宅等の新築等をした場合の所得税額の特別控除

○　以下のとおり、2年間（令和6年1月1日～令和7年12月31日）延長する。

控除額	標準的な性能強化費用相当額※×10%　※45,300円×床面積（上限：650万円）
取得する住宅の要件	長期優良住宅・低炭素住宅・ZEH水準省エネ住宅のいずれかに該当すること。
所得要件	合計所得金額が2,000万円以下

（出典：令和6年度国土交通省税制改正概要）

（西山　卓）

3．事業承継税制の特例承認計画の提出期限の延長

【1】制度の概要

(1)　個人版事業承継税制

　個人版事業承継税制は、青色申告に係る事業（不動産貸付業等を除きます。）を行っていた事業者の後継者として円滑化法の認定を受けた者が、相続・贈与等により、特定事業用資産を取得した場合は、一定の要件のもと、その特定事業用資産に係る相続税・贈与税の納税が全額猶予され、後継者の死亡等により、猶予中の相続税・贈与税の納税が免除されるものであり、平成31年（2019年）4月1日から令和6年（2024年）3月31日までの5年間に個人事業承継計画を都道府県に提出し、知事の確認を受けた場合に限り、平成31年（2019年）1月1日から令和10年（2028年）12月31日までの間の相続・贈与等について適用されます。

(2)　法人版事業承継税制

　法人版事業承継税制は、後継者である相続人・受贈者等が円滑化法の認定を

受けている対象会社の非上場会社の株式等を相続・贈与等により取得した場合において、その非上場株式等に係る相続税・贈与税について、一定の要件のもと、その納税を猶予し、後継者の死亡等により、納税が猶予されている相続税・贈与税の納付が免除される制度です。

　この法人版事業承継税制は、「一般措置」と「特例措置」の2つの制度がありますが、「特例措置」は、平成30年度税制改正において10年間の措置として創設され、平成30年（2018年）4月1日から令和6年（2024年）3月31日までの6年間に特例承継計画を都道府県に提出し、知事による確認を受けていることを前提とし、平成30年（2018年）1月1日から令和9年（2027年）12月31日までの間の相続・贈与等について適用されます。

【2】改正の背景

　経済産業省より公表されている「事業承継税制の活用状況」によると、法人版事業承継税制の特例承継計画の活用件数は、コロナ禍前は増加したもののコロナ禍は落ち込んでおり、中小企業の事業承継の検討が遅れている状況が読み取れます。

（参考）事業承継税制の活用状況

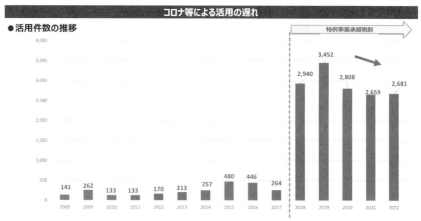

（出典：経済産業省「令和6年度（2024年度）　経済産業関係　税制改正について」19頁）

　このような状況を踏まえ、与党の令和6年度税制改正大綱の「令和6年度税制改正の基本的考え方」において、次のとおり、個人版事業承継税制の個人事業承継計画の提出期限と法人版事業承継税制の特例承継計画の提出期限をいずれも2年間延長するものとされます。

　ただし、延長されるのは、あくまでも、個人版事業承継税制の個人事業承継計画と法人版事業承継税制の特例承継計画の提出期限であり、承継税制そのものの適用期限は、延長しないとされていますので、注意する必要があります。

　「法人版事業承継税制については、平成30年1月から10年間の特例措置として、令和6年3月末までに特例承継計画の提出がなされた事業承継について抜本的拡充を行ったものである。コロナの影響が長期化したことを踏まえ、特例承継計画の提出期限を令和8年3月末まで2年延長する。この特例措置は、日本経済の基盤である中小企業の円滑な世代交代を通じた生産性向上が待ったなしの課題であるために事業承継を集中的に進める観点の下、贈与・相続時の税負担が生じない制度とするなど、極めて異例の時限措置としていることを踏まえ、令和9年12月末までの適用期限については今後とも延長を行わない。あわせて、個人版事業承継税制における個人事業承継計画の提出期限についても2年延長する。

　事業承継を検討している中小企業経営者及び個人事業者の方々には、適用期限が到来することを見据え、早期に事業承継に取り組むこと及び政府・関係団体には、目的達成のため一層の支援体制の構築を図ることを強く期待する。」
（出典：令和6年度税制改正大綱　令和5年12月14日　自由民主党　公明党）

【3】改正の内容（提出期限の延長）

⑴　個人の事業用資産に係る相続税・贈与税の納税猶予制度について、個人事業承継計画の提出期限（令和6年（2024年）3月31日）が令和8年（2026年）3月31日まで2年延長されます。

⑵　非上場株式等に係る相続税・贈与税の納税猶予の特例制度について、特例承継計画の提出期限（令和6年（2024年）3月31日）が令和8年（2026年）3月31日まで2年延長されます。

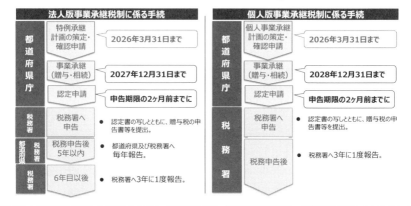

（2－3）法人版・個人版事業承継税制に係る所要の措置 (相続税・贈与税) ［延長］

- 事業承継税制は、中小企業の円滑な世代交代を通じた生産性向上のために、**事業承継時の贈与税・相続税負担を実質ゼロ**にする時限措置。
- コロナの影響が長期化したことを踏まえ、法人版・個人版の**特例承継計画の提出期限を２年延長**することとし、適用期限の到来に向けて、早期事業承継への支援体制の構築を図る。

改正概要 ※赤字が改正箇所
【特例承継計画の提出期限：法人版・個人版いずれも令和７年度末】

	法人版事業承継税制に係る手続			**個人版事業承継税制に係る手続**		
都道府県庁	特例承継計画の策定・確認申請	2026年3月31日まで		個人事業承継計画の策定・確認申請	2026年3月31日まで	
	事業承継（贈与・相続）	2027年12月31日まで		事業承継（贈与・相続）	2028年12月31日まで	
	認定申請	申告期限の2ヶ月前までに		認定申請	申告期限の2ヶ月前までに	
税務署	税務署へ申告	● 認定書の写しとともに、贈与税の申告書等を提出。		税務署へ申告	● 認定書の写しとともに、贈与税の申告書等を提出。	
都道府県・税務署	税務申告後5年以内	● 都道府県及び税務署へ毎年報告。		税務申告後	● 税務署へ3年に1度報告。	
税務署	6年目以後	● 税務署へ3年に1度報告。				

（出典：経済産業省「令和６年度（2024年度）経済産業関係　税制改正について」18頁）

４．区分所有マンションの評価の改正

【1】改正（令和5年度税制改正）の背景

　従来よりタワーマンションについて「相続税評価額」と、「時価（市場売買価格）」との大きな乖離が問題視されていましたが、最高裁における令和４年４月19日判決（路線価で評価した納税者敗訴）を受けて、与党の令和５年度税制改正大綱に「マンションについては、市場での売買価格と通達に基づく相続税評価額とが大きく乖離しているケースが見られる。現状を放置すれば、マンションの相続税評価額が個別に判断されることもあり、納税者の予見可能性を確保する必要もある。このため、相続税におけるマンションの評価方法については、相続税法の時価主義の下、市場価格との乖離の実態を踏まえ、適正化を検討する。」という旨が記載されました。これを受けて、国税庁より令和年５年10月６日、マンション一室の相続税評価の方法を新たに定めた「居住用の区分所有財産の評価について」（法令解釈通達、令和５年９月28日付課評２－74

ほか１課共同）が公表されました。

【2】改正の内容（新たな評価方法）

⑴　概要

　国税庁が実施した平成25年～30年の中古マンションの取引に係るサンプル調査ではマンションの相続税評価額と市場価格との間に平均2.34倍の乖離率（市場価額÷相続税評価額）が認められ、一般戸建の乖離率の平均は1.66倍でした。一戸建ての相続税評価額が市場価格（売買実例価額）の60％程度の評価水準となっていることを踏まえ、それを下回る評価水準の分譲マンションが一戸建てと比べて著しく有利となることがないように評価水準が調整されます。相続税評価額につき、最低の評価水準として市場価格の60％という値が設定され、マンションの相続税評価額が市場価格理論値(時価)の60％を下回る場合には60％を目安に評価額が引き上げられます。

①　相続税評価額が市場価格理論値の60％未満となっているもの（乖離率1.67倍を超えるもの）について、市場価格理論値の60％（乖離率1.67倍）になるように評価額が補正されます。

②　評価水準60％～100％は補正されません（改正前の相続税評価額×1.0）。

③　評価水準100％超のものは100％となるように評価額が減額されます。

⑵　対象不動産

　タワーマンションに限定せず、区分所有不動産（いわゆる分譲マンション）で居住の用に供する専有部分があるものとされており、原則として、登記簿上の種類に「居宅」を含むものが該当すします。構造上、主として居住の用途に供することができるものであれば、課税時期において、現に事務所として使用している場合であっても、「居住の用」に供するものに該当することとなります。

　なお、以下のような物件については新たな評価方法(区分所有補正率の適用)の対象にならないとされています。

①　課税時期において区分建物の登記がされていないもの

②　事業用のテナントビル

③　一棟所有の賃貸マンション

④　低層の集合住宅（地階を除く階数が２以下）

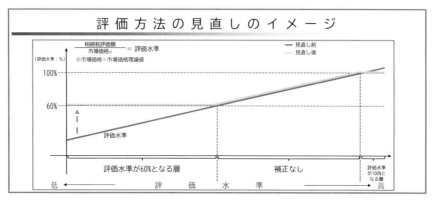

（注１）　令和６年１月１日以後の相続等又は贈与により取得した財産に適用する。

（注２）　上記の評価方法の適用後も、最低評価水準と重回帰式については、固定資
産税の評価の見直し時期に併せて、当該時期の直前における一戸建て及びマ
ンション一室の取引事例の取引価格に基づいて見直すものとする。

　　　　　また当該時期以外の時期においても、マンションに係る不動産価格指数等
に照らし見直しの要否を検討するものとする。

（出典：国税庁「マンションに係る財産評価基本通達に関する第３回有識者会議につ
いて」（令和５年６月30日）３頁（抜すい））

⑤　二世帯住宅

⑥　居住用の専有部分一室の数が３以下で全て当該区分所有者又はその親族が
居住の用に供するもの。この場合一室の数が３以下とは、一棟の家屋に存す
る専有部分の数が３以下の場合、例えば３階建てで各階が区分所有されてい
る場合などが該当し、一の専有部分に存する部屋そのものの数をいうもので
はありません。

⑶　評価方法

　相続税評価額が市場価格（売買実例価額）と乖離する要因と考えられる、①
築年数、②総階数指数、③所在階及び④敷地持分狭小度の４つの指数を基に計
算した一定の補正率（区分所有補正率）を原則的な敷地権や区分所有建物の評
価額に乗じて計算します。具体的には下表の算式により原則的な相続税評価額
が市場価格の何割になるかを表す評価水準を算出し、評価水準が0.6未満とな
る場合には、評価乖離率に0.6を乗じた値を区分所有補正率として、評価水準

が1を超える場合には、評価乖離率を区分所有補正率として、それぞれ相続税評価額に乗ずることで補正し、評価水準が0.6以上1未満の場合には補正はありません。

　築年数が短い、総階数が高い、所有階が高い等の場合には乖離が大きくなり評価水準が低くなることになります。

【マンション一室の相続税評価額】

土地 （敷地利用権の価額）	「敷地全体の価額×共有持分（敷地権割合）」×**区分所有補正率** 従来の相続税評価額
建物 （区分所有権の価額）	「固定資産税評価額×1.0」×**区分所有補正率** 従来の相続税評価額

【適用する区分所有補正率】

区分	適用する**区分所有補正率**
1＜**評価水準**（注1）	**評価乖離率**（注2）
0.6≦**評価水準**（注1）≦1	適用なし（従来の評価額で評価）
評価水準（注1）＜0.6	**評価乖離率**（注2）×0.6

（注1）　**評価水準＝1÷評価乖離率**
（注2）　**評価乖離率＝A＋B＋C＋D＋3.220**
A：一棟の区分所有建物の**築年数**（注）×△0.033
　　（注）　建築の時から課税時期までの期間（1年未満の端数は1年）
B：一棟の区分所有建物の**総階数指数**（注）×0.239（小数点以下第4位を切捨て）
　　（注）　総階数÷33（1を超える場合は1。総階数に地階は含まれません）
C：一室の区分所有権等に係る専有部分の**所在階**（注）×0.018
　　（注）　専有部分が地階の場合、所在階は零階としCの値は零とし、専有部分がその一棟の区分所有建物の複数階にまたがる場合（いわゆるメゾネットタイプの場合）には、階数が低い方の階となります。
D：一室の区分所有権等に係る**敷地持分狭小度**（注）×△1.195（小数点以下第4位を切上げ）
　　（注）　一室の区分所有権等に係る敷地利用権の面積÷専有部分の面積（小数点以下第4位を切上げ）

(4)　計算明細書及び計算ツール

　国税庁サイトで補正率の計算明細書とともに計算ツールが公表されています。この計算明細書は相続税又は贈与税の申告に際し居住用の区分所有財産の

居住用の区分所有財産の評価に係る区分所有補正率の計算明細書

（住居表示） 所 在 地 番	（　　　　　　　　　　　　　　　　　　　　　　　）
家 屋 番 号	

（令和六年一月一日以降用）

区分所有補正率の計算	A	① 築年数（注1） 　　　　　　　　年			①×△0.033
	B	② 総階数（注2） 　　　　　　　　階	③ 総階数指数（②÷33） （小数点以下第4位切捨て、1を超える場合は1）		③×0.239 （小数点以下第4位切捨て）
	C	④ 所在階（注3） 　　　　　　　　階			④×0.018
	D	⑤ 専有部分の面積 　　　　　　　　㎡	⑥ 敷地の面積 　　　　　　　　㎡	⑦ 敷地権の割合（共有持分の割合） _____	
		⑧ 敷地利用権の面積（⑥×⑦） （小数点以下第3位切上げ） 　　　　　　　　㎡	⑨ 敷地持分狭小度（⑧÷⑤） （小数点以下第4位切上げ）		⑨×△1.195 （小数点以下第4位切上げ）
	⑩　評 価 乖 離 率（A＋B＋C＋D＋3.220）				
	⑪　評 価 水 準（1 ÷ ⑩）				
	⑫　区 分 所 有 補 正 率（注4・5）				
備考					

(注1)　「① 築年数」は、建築の時から課税時期までの期間とし、1年未満の端数があるときは1年として計算します。

(注2)　「② 総階数」に、地階（地下階）は含みません。

(注3)　「④ 所在階」について、一室の区分所有権等に係る専有部分が複数階にまたがる場合は階数が低い方の階とし、一室の区分所有権等に係る専有部分が地階（地下階）である場合は0とします。

(注4)　「⑫ 区分所有補正率」は、次の区分に応じたものになります（補正なしの場合は、「⑫ 区分所有補正率」欄に「補正なし」と記載します。）。

区　　　　　分	区 分 所 有 補 正 率※
評 価 水 準　＜　0.6	⑩　×　0.6
0.6　≦　評 価 水 準　≦　1	補正なし
1　＜　評 価 水 準	⑩

　　※　区分所有者が一棟の区分所有建物に存する全ての専有部分及び一棟の区分所有建物の敷地のいずれも単独で所有（以下「全戸所有」といいます。）している場合には、敷地利用権に係る区分所有補正率は1を下限とします。この場合、「備考」欄に「敷地利用権に係る区分所有補正率は1」と記載します。

　　　　ただし、全戸所有している場合であっても、区分所有権に係る区分所有補正率には下限はありません。

(注5)　評価乖離率が0又は負数の場合は、区分所有権及び敷地利用権の価額を評価しないこととしていますので、「⑫ 区分所有補正率」欄に「評価しない」と記載します（全戸所有している場合には、評価乖離率が0又は負数の場合であっても、敷地利用権に係る区分所有補正率は1となります。）。

価額を評価するために使用し、計算明細書として申告書に添付します。

　計算ツールは、補正率の計算明細書がそのまま Excel ファイルになっていますので、必要項目（築年数、総階数、所在階、専有部分の面積、敷地の面積、敷地権の割合又は共有持分の割合）を入力するだけで補正率が計算されるように算式が設定されています。

【3】適用時期

　令和 6 年 1 月 1 日以後に相続、遺贈又は贈与により取得した財産について適用されます。

【4】その他

⑴　本通達の見直しについては、今後 3 年に 1 度行われる固定資産税評価の見直しに併せて行うことが合理的であるとされ、改めて実際の取引事例についての相続税評価額と売買実例価額との乖離状況等を踏まえて検討するとされています。

⑵　居住用の区分所有財産が貸家建付地及び貸家である場合の当該貸家建付地及び貸家の評価は、本通達において算定した「自用地としての価額」及び「自用家屋としての価額」を基に行うこととなり、小規模宅地等の特例の適用の考え方も従来と変わらず、評価額は補正後の「自用地としての価額」を基とすることとされています。

⑶　タワーマンションだけでなく、中層マンションでも今後は通達評価額が上昇すると考えられますので、節税目的でタワーマンションを保有している人だけでなく、一般的な居住用マンションの評価額にも新通達の影響が生じます。

（近藤　光男）

5．相続登記の義務化

【1】所有者不明土地問題に係る民法・不動産登記法改正と相続土地国庫帰属法の制定

　令和 3 年 4 月21日に、民法等の一部を改正する法律（以下、「一部改正法」といいます。）及び相続等により取得した土地所有権の国庫への帰属に関する法律（以下、「相続土地国庫帰属法」といいます。）が成立し、両法は、同月28日に公布されました。これらは、近年、社会問題化している所有者不明土地の

発生を予防し、土地の利用の円滑化を図るため、民法・不動産登記法を中心とする民事基本法制を総合的に見直すものです。

　一部改正法による改正項目は多岐にわたりますが、その中心の一つは民法の改正です。民法における改正点もまた多岐にわたり、①隣地関係、②共有、③財産管理制度の見直しがそれぞれ行われたほか、特別受益・寄与分を考慮した具体的相続分による遺産分割の請求を10年に制限する等の遺産分割に関する見直しも行われました。これらのいずれも、令和5年4月1日に施行されています。

　また、新しく制定された相続土地国庫帰属法は、相続又は遺贈により土地を取得した相続人が、法務大臣の承認のもと、土地を手放して国庫に帰属させる制度（相続土地国庫帰属制度）に係る規律を定めたもので、この法律についても令和5年4月27日に施行済みです。近年、相続財産に含まれる土地のうち誰も取得したがらない土地をどうするかが実務上問題となっており、相続国庫土地帰属制度に対する期待は高いと思われます。実際、令和5年11月30日現在の申請件数は1,349件に上っているようですが、一方で、同日時点で国庫帰属に至ったのは48件に過ぎないようです（法務省ホームページ「相続土地国庫帰属制度の統計」）。未だ審理中の案件も多数あると思われ、今後の動向が注目されますが、実務家の間では、国庫帰属に至るまでのハードルが高過ぎるとの声も聞かれます。

　そして、いま一つの大きな柱は、相続登記の義務化を中心とする不動産登記法の改正ですが、これについては、次の【2】において説明するとおりです。

【2】相続登記の義務化と相続人申告登記

⑴　相続登記の義務化

　イ　相続登記の申請義務

　　令和6年4月1日より、相続登記の申請が義務化されます。具体的には、不動産所有権を相続により取得した相続人は、自己のために相続の開始があったことを知り、かつ、当該所有権を取得したことを知った日から3年以内に、所有権移転登記を申請する義務を負うことになります（新不動産登記法76の2①前段）。

　　「相続」による取得には、特定財産承継遺言（いわゆる「相続させる遺言」）

による取得や遺言により相続分の指定を受けた場合のほか、遺贈による取得も含まれます（新不動産登記法76の2①後段）。ただし、義務者は相続人に限られますので、遺贈により取得した第三者は、対象となりません。また、遺産分割が行われた場合には、遺産分割により所有権を取得したことを知った日（通常は、遺産分割の日）から3年以内に遺産分割の結果を踏まえた所有権の移転登記を申請する義務も生じます。

　なお、実務上、被相続人名義の不動産が客観的には存在しているものの、それを相続人が知らないという場合（よくあるのは、私道に供されており固定資産税が賦課されていない土地等の存在を見落としている場合です。）もありますが、そのような場合には、相続により取得したことを「知った」とは言えず、相続登記の申請義務が未だ生じていないものとされます（法務省「相続登記の申請義務化に関するQ&A」2A(2)参照）。

　また、相続人の負担を軽減するため、相続登記の義務化に合わせて、相続人申告登記という簡易な制度も新たに設けられましたが、これについては、後述します。

ロ　過料の制裁

　上記のとおり、相続登記の申請が義務化されているにもかかわらず、正当な理由なく申請を怠ると、10万円以下の過料が課される可能性があります（新不動産登記法164①）。ただ、その適用については、法務局が裁判所に対して行う通知（過料通知）に先立ち申請義務者に催告をすることを要求する等（新不動産登記規則187一）、慎重さが求められています。

ハ　経過措置

　一部改正法では、相続登記の義務化に関する規定は、施行日（令和6年4月1日）前に相続開始があった場合にも適用されることになっていますが、一定の猶予期間が設けられています。具体的には、施行日前に発生している相続については、次のa）とb）のいずれか遅い日から3年以内に相続登記等を申請する義務を負うこととされており（一部改正法附則5⑥）、少なくとも施行後3年の猶予期間が設けられていると言えます。

　　　a）相続等により所有権を取得したことを知った日等
　　　b）施行日

⑵　相続人申告登記

　相続人申告登記は、今回の改正により新たに設けられた制度で、相続登記の義務化と同じく令和6年4月1日に施行されることになっています。この制度は、相続人が、登記名義人の法定相続人である旨を申し出ることを、申請義務の履行手段の一つとするもので、相続人が申し出ると、登記官がその者の氏名及び住所等を職権で所有権の登記に付記することになっています（新不動産登記法76の3）。

　従来からある法定相続分による相続登記を申請する場合、法定相続人の範囲と各相続分の相続分を明らかにするため、被相続人の出生まで戸籍を遡る必要があるなど一定の手間がかかります。これに対し、相続人申告登記では、申出をした相続人以外の法定相続人の氏名等や各法定相続分の持分は登記されないため、申出をする相続人自身が被相続人の相続人であることが分かる戸除籍謄本を提出すれば足り、添付書面が簡略化されています。また、相続人申告登記の申出に係る登録免許税は、非課税です。

　ただ、相続人申告登記は、相続人の氏名や住所の公示に特化した登記であり、不動産についての権利関係を公示するものではなく、相続人が相続により取得した不動産を第三者に譲渡する場合等には、一旦、相続人名義の登記を経た上で、譲受人に名義を移転する登記をする必要があります。また、複数の相続人がいる場合に、一部の相続人がこの申出をしても、他の相続人は登記の申請義務を履行したことにはならないので、注意が必要です（一部の相続人が、他の相続人を代理して申出をすること自体は可能です。）。

⑶　ケースごとに必要となる登記手続

　以下、実務上考えられるケースごとに、必要となる登記手続を確認します。

　イ　3年以内に遺産分割が成立しなかった場合

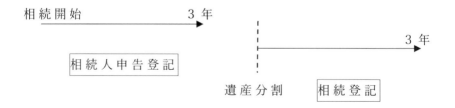

　まず、相続開始があったことを知ってから3年以内に遺産分割協議が成立しなかったケースについて確認します。この場合、①相続開始があったことを知ってから3年以内に、法定相続人らが、相続人申告登記の申出（又は法定相続分による相続登記の申請）をする必要があります。その上で、②その後の遺産分割により不動産を取得した相続人（法定相続分による登記を経ている場合は、法定相続分を上回る持分を取得した相続人）は、遺産分割成立後3年以内に、分割内容を踏まえた相続登記の申請をしなければなりません。

ロ　3年以内に遺産分割協議が成立した場合

相 続 開 始 ─────────────────────────────▶ 3 年

遺 産 分 割　　相 続 登 記

　続いて、相続開始があったことを知ってから3年以内に遺産分割協議が成立した場合についてですが、この場合は、上記イ②の分割協議の内容に基づく相続登記のみを申請すれば足り、それに先立ち、上記イ①の相続人申告登記（又は法定相続分に基づく相続登記）を経る必要はありません。その結果、遺産分割協議により不動産を取得しなかった法定相続人は何らの登記手続もとらないことになりますが、遺産分割の結果として対象となる不動産を承継しないことは明らかとなり、上記①の申請義務は負わなくなったと解されていますので、登記の申請義務に違反することにはなりません（村松秀樹・大谷太編著「Q&A令和3年改正民法・改正不登法・相続土地国庫帰属法」（きんざい2022年）285頁）。

　なお、3年以内に遺産分割協議が成立したとしても、それ以前に相続人申告登記等を済ませている場合もあるでしょうが、その場合の手続はイと同様です。

ハ　遺言があった場合
　最後に、被相続人が遺言を残していたケースについても確認しておきま

しょう。この場合、相続人申告登記の申出も可能ですが、対抗要件を早期に具備するためにも、速やかに相続登記を申請するべきでしょう。ただし、遺言により相続分を指定されたときや部分的包括遺贈がなされたときのように、遺産分割協議が必要で、かつ、それに時間を要することが見込まれる場合には、相続人申告登記を申し出ることも考えられます。

なお、特定財産承継遺言と異なり、遺贈の場合、登記義務者である相続人（又は遺言執行者）と登記権利者である受遺者が共同で登記を申請する必要がありましたが、今回の改正により、相続人に対する遺贈に限り、登記権利者である受遺者が単独で申請することが可能になりました（新不動産登記法63③）。相続人申告登記と同様、相続人の負担を減らす趣旨の改正ですが、これにより、特定財産承継遺言と遺贈の違いは僅かになったと言えるでしょう。

【3】その他の不動産登記法の改正事項

令和3年不動産登記法改正の「目玉」は前述の相続登記の義務化ですが、他にも改正されている項目があります。中でも注目すべきは、所有不動産記録証明制度の新設（新不動産登記法119の2）と住所変更登記の義務化（新不動産登記法76の5）です。前者は、特定の者が名義人となっている不動産の一覧を証明書として発行してもらう制度で、令和8年2月2日に施行される予定です。後者は、文字通り、住所等の変更登記の申請を義務化するもので、令和8年4月1日に施行されることになっています。

（間瀬　まゆ子）

6. 新たな公益信託制度の創設
【1】概　括

公益社団法人及び公益財団法人の認定等に関する法律等の改正により「収支相償原則」の見直しなどが行われることを前提に、公益社団法人及び公益財団法人（以下「公益法人」といいます。）と同等の運営等が可能な制度として、新たな公益信託制度が創設されることになりました。

このため、税制においても公益法人に係る税制の見直し(注)を行う一方で、その見直しによる各種措置と整合するように、新たな公益信託制度に関する所

要の措置が併せて講じられます。

（注）　この公益法人制度の見直しに対応して、令和6年度税制改正において、公益
　　　法人関連の従来の各種税制措置が存置され、関係規定の整備が行われます。

　　　　なお、公益法人の解散等に際し、租税特別措置法40条（国等に対して財産を
　　　寄附した場合の譲渡所得等の非課税）の非課税規定の継続適用が可能となる贈
　　　与先（継承先）に公益信託が追加されます（新措法40⑦ほか）。

【2】経過等

⑴　公益信託法の改正関係

　現在では数少ないカタカナ表記の条文であった「公益信託ニ関スル法律」（以
下「公益信託法」といいます。）は、12か条からなる法律でした。もともと公益
信託は、大正11年4月に制定された（旧）信託法の66条から73条に規定され
ていましたが、80余年ぶりとなる平成18年12月の信託法の改正に当たって、別
の名称の法律として部分的に存置されていました。なお、（新）信託法は、平
成19年9月30日から施行されました（一部、いわゆる「自己信託」（信託法3
三）は、平成20年9月30日から施行されました。）（注）。

（注）　信託法の施行に伴い、税制も、平成19年度税制改正により、所得税法をはじ
　　　めとした「信託税制」の改正が行われました。

　この信託法改正の際、衆議院及び参議院において、公益信託法の改正に関す
る附帯決議があり、例えば、参議院では「五　公益信託制度については、公益
法人と社会的に同様の機能を営むものであることにかんがみ、先行して行われ
た公益法人制度改革の趣旨を踏まえつつ、公益法人制度と整合性のとれた制度
とする観点から、遅滞なく、所要の見直しを行うこと」（平成18.12.7決議）
とされていました。

　その後、法務省において、平成28年6月7日開催の法制審議会信託法部会第
31回会議から、公益信託法に関する具体的な見直しの検討が始まり、平成31年
2月14日開催の法制審議会第183回会議において「公益信託法の見直しに関す
る要綱」が決定され、法務大臣に答申されました。

　その主な内容は、⑴公益信託設定に際しての主務官庁による許可や監督制の
廃止、⑵公益信託の受託者の範囲の拡大などでした。

(2) 公益法人制度の見直し関係

　他方、上記(1)の法務省の動きとは別に、内閣府では、令和4年10月に「新しい時代の公益法人制度の在り方に関する有識者会議」を設置し、令和5年4月27日開催の同会議で「最終報告（案)」が取りまとめられ、パブリックコメントを経て、令和5年6月2日に公益法人制度改革に関する「最終報告」とされました。

　その内容は、公益法人制度のより柔軟・迅速な公益活動の展開を図るため、収支相償原則や遊休財産規制の柔軟化・明確化を図るほか、公益信託制度の改革についても触れていました。

【3】公益信託制度の改正

(1) 改正前の公益信託制度

　（旧）公益信託法に基づき組成されていた公益信託は、主務官庁の許可を得て組成される「受益者の定めのない信託」(注1)で、学術、技芸、慈善、祭祀、宗教その他公益を目的とした信託です（図表1参照）(注2)。

(注1)　信託法258条1項に規定されている「受益者の定めのない信託」を指しています。なお、図表1における「助成先」は、受益者（信託法2⑥）に該当しない点に注意してください。

(注2)　令和5年9月末で384件、信託財産の残高（総額）は55,476百万円でした。目的別に見ると、最も件数が多いものは奨学金支給で、125件（全体の32.6%)、21,592百万円（全体の38.9%）になっていました（信託協会HP統計データ）。

(2) 新しい公益信託制度

　「骨太の方針2022」（令和4.6.7閣議決定）などによる「新しい資本主義」が目指す、民間による公益的活動の活性化を実現する施策の一環として、公益法人制度改革が行われることに併せて、公益信託制度改革も行われました（公益信託法の改正が措置されました。)。

　公益信託法（制度）の主な改正点は図表2のとおりであり、公益法人などと同等の運営等が可能になりました。

【3】税制改正の内容等

(1) 改正前の制度

　上述したとおり公益信託は受益者の定めのない信託に該当します(注)。そして、所得税法などにおける信託税制では、一定の要件を充足している公益信託

を「特定公益信託」や「認定特定公益信託」として、各種の優遇措置を講じていました（所法11②ほか）。

【図表1　（旧）公益信託のしくみ】

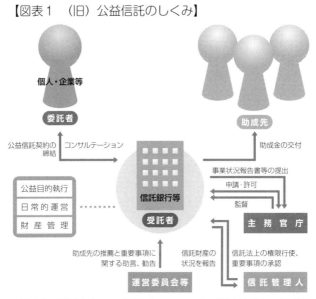

（資料）信託協会HP掲載リーフレット「公益信託」（抜粋）

【図表2　公益信託制度の主な改正点】

区　　分	改正前	改正後
信託法における信託の区分	受益者の定めのない信託	同左
信託の組成（設定）	主務官庁による許可制度	認可制度
信託財産	金銭に限定（原則）	金銭以外でも可能
助成方法	同上	同上
受託者	信託銀行・信託会社	個人も可

64

【図表3　公益信託信託設定時の措置】

委託者（寄附者） ＼ 公益信託の種類	特定公益信託	認定特定公益信託
個　人	―	寄附金控除 〔相続又は遺贈により取得した財産の金銭を支出した場合には、相続税非課税〕
法　人	一般寄付金として損金算入	別枠損金算入

（資料）信託協会 HP 掲載冊子「公益信託　その制度のあらまし」（抜粋）
（注）　公益信託は受益者の定めのない信託に該当しますが、例えば、その委託者（その相続人その他の一般承継人を含む）を「特定委託者」（受益者等）に該当するものとみなして（相続税法附則24）、受益者等の存する信託（相法9の2）としての取扱いによっていました。しかしながら、委託者の地位の変更があった場合でも、その権利の価額はゼロとして取り扱われていました（相基通9の2－6）。

(2)　改正後の制度
　イ　新公益信託制度の下で認可された全ての公益信託が、公益法人並みの各種税制上の優遇措置の適用を受けることができるように規定整備（改正）が行われます。
　　これらの改正点のうち、特に注目される点は次のとおりです。
　❶　公益法人等に対して金銭以外の財産を寄附した場合の譲渡所得等の非課税措置の寄附先の対象に公益信託の受託者が追加されます（注）（新措法40①二）。
　（注）　非居住者及び外国法人に該当する受託者を除きます。

　　(i)　公益信託に係る個人である受託者に対する資産等の移転（贈与等）に伴い、寄附者に譲渡所得の基因となる資産等の移転が生じている場合、その寄附者による資産等の贈与等がみなし譲渡所得課税の適用対象になります（新所法59①一）（注）。
　（注）　受託者がその信託財産として取得した財産についての相続税・贈与税の非課税規定が新たに設けられています（新相法12①四・21の3①四）。

(ⅱ)　公益信託の委託者がその有する資産を信託した場合、その資産を信託した時において、委託者からその公益信託の受託者に対して贈与等によりその資産の移転が行われたものとして、その委託者に対してみなし譲渡所得課税が適用されます（新所法67の3⑧）。

(ⅲ)　非課税承認を受けた財産を有する公益信託の受託者が、その任務の終了等により、その財産をその公益信託に係る信託事務の引継ぎを受けた受託者に移転する場合、財産の移転に関する届出書を提出したときは、非課税措置を継続適用することができます（新措法40⑫）（注）。

(注)　この措置は、任務の終了等に係る事由により国税庁長官の非課税承認を取り消すことができる場合は適用されません。

　なお、上記(ⅰ)及び(ⅱ)は、公益信託に対する信託財産としての財産の寄附（贈与等）をみなし譲渡所得等の対象とすることを通じて、みなし譲渡所得等に係る非課税規定である措置法40条の適用が可能となるように措置する規定になっています。

　ちなみに、両者ともにみなし譲渡課税に関する規定である点は同じですが、(ⅰ)は公益信託の受託者が個人の場合に関するみなし規定の適用範囲の拡大規定であり、(ⅱ)は委託者の所得税の信託に関する所得金額の計算規定の整備になっています。

❷　公益信託の信託財産とするために相続財産を寄附（贈与）した場合、相続税の非課税制度の適用対象になります（新措法70③）。

　なお、相続税・贈与税の税負担の不当減少規定が設けられ（新措法70③）、また、信託財産とし受け入れた日から2年を経過した日までに、その信託が終了した場合などは、この非課税規定の対象になりません（新措法70④）。

ロ　上記のほか、次の規定が整備されます。

　㋑　公益信託の信託財産に係る収益・費用及び所得に関する非課税規定（新所法11②、新法法12）

　㋺　寄附金控除規定等（新所法78②四、新法法37⑤）

　㋩　受託者が法人・個人にかかわらず、個人が公益信託から給付を受けた財産に関する非課税規定（新相法21の3①二）

　㈠　公益信託認可を受けた公益信託の契約書に係る印紙税を非課税規定
　　（新印紙税法別表第一、十二）

　㋭　信託事務の範囲拡大に伴い消費税について所要規定の整備（新消法14、
　　15）など

【4】適用関係

(1)　適用時期

　改正後の公益信託法の施行日以降（改正法附則1九）（令和7年度に見直し
後の公益法人制度が施行された後、新公益信託制度の施行は令和8年度と見込
まれています。）。

(2)　経過措置

　改正前の特定公益信託及び特定公益信託以外の公益信託について、所要の経
過措置を講じられます（令6改正法附則2ほか）。

（塩野入　文雄）

Ⅲ　法人税関係の改正

1．賃上げ促進税制の強化

【1】改正の背景

　令和5年の春季労使交渉においては、足もとの物価上昇などを受け、月例賃金の引上げ率（定期昇給を含む）が約30年ぶりの高い水準となりました（注1）。しかし、厚生労働省「毎月勤労統計調査」において、1人当たりの平均賃金（名目賃金）を見ると、その伸びは物価の伸びに追い付いておらず、実質賃金は前年比マイナスでの推移が続いています（注2）。

【図表1：賃金・物価（前年同月比）の推移】

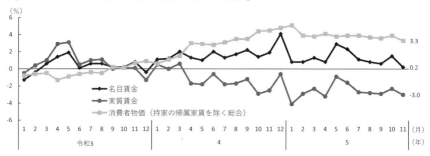

※1　名目賃金は、事業所規模5人以上・就業形態計の現金給与総額（所定内給与、所定外給与、賞与・一時金等の合計）。

※2　実質賃金は、名目賃金を消費者物価（持家の帰属家賃を除く総合）で除して算出。

（出典：厚生労働省「毎月勤労統計調査」、総務省「消費者物価指数」）

　こうした問題意識の下、令和6年度税制改正では、賃上げの動きを継続し、物価上昇を上回る賃金上昇を実現すべく、令和5年度末に適用期限を迎える賃上げ促進税制について、改組・強化が行われます（注3）。

（注1）　経団連「春季労使交渉・大手企業業種別妥結結果」によると、令和5年の春季労使交渉における大手企業の月例賃金引上げ率は3.99％と、平成4年（4.92％）以来の高い水準になりました。

（注2）　毎月勤労統計調査における平均賃金は、調査事業所の「現金給与額の支払

総額の合計」を「労働者数の合計」で除して算出したものです。そのため、前年との比較においてベースアップ分は数値に表れますが、定期昇給分は十分に反映されない点に留意が必要です。

(注3) 本項目では、全法人向け（大企業向け）の措置について解説します。中堅企業向けの措置は「**2　（中堅企業向け）賃上げ促進税制の創設**」、中小企業向けの措置は「**3　（中小企業向け）賃上げ促進税制の拡充・延長**」を参照してください。

【2】改正前の賃上げ促進税制の概要

⑴　原則（措法42の12の5①）

　青色申告書を提出する法人が、令和4年4月1日から令和6年3月31日までの間に開始する各事業年度において、国内雇用者に対して給与等（注4）を支給する場合、継続雇用者給与等支給額（注5）が前事業年度から3％以上増加しているときは、控除対象雇用者給与等支給増加額（注6）の15％を税額控除することができます。ただし、控除税額は、当期の法人税額の20％が上限となります。

　また、当該事業年度終了時において、資本金の額等が10億円以上、かつ、常時使用する従業員の数が1,000人以上である法人が、本税制の適用を受けるには、給与等の支給額の引上げの方針、下請事業者その他の取引先との適切な関係の構築の方針等を記載したもの（マルチステークホルダー方針）を公表し、経済産業大臣に届け出る必要があります。

(注4)　「給与等」とは、所得税法28条1項に規定する給与等（俸給・給料・賃金・歳費及び賞与並びに、これらの性質を有する給与）をいい、基本給に限ったものではありません。退職金など、給与所得とならないものは、原則として該当しません。ただし、賃金台帳に記載された支給額（所得税法で課税されない通勤手当等の額を含みます。）のみを対象として計算するなど、合理的な方法により継続して給与等の支給額を計算している場合は、給与等に含めることが認められます。

(注5)　「継続雇用者給与等支給額」とは、継続雇用者（前事業年度及び適用事業年度の全月分の給与等の支給を受けた国内雇用者）に対する給与等の支給額をいいます。ただし、給与等に充てるため他の者から支払を受ける金額（雇用安定助成金額を除きます。）がある場合には、当該金額を控除します。

(注6)　「控除対象雇用者給与等支給増加額」とは、雇用者給与等支給額（継続雇用者に限らない全ての国内雇用者に対する給与等の支給額）の前事業年度から

の増加額をいいます。

(2)　上乗せ措置

次の要件を満たす場合には、それぞれ税額控除率が上乗せされます。

上乗せ措置①（措法42の12の5①一）：

継続雇用者給与等支給額が前事業年度から4％以上増加しているときは、税額控除率に10％が加算されます。

上乗せ措置②（措法42の12の5①二）：

教育訓練費の額が前事業年度から20％以上増加しているときは、税額控除率に5％が加算されます。

このため、税額控除率は最大で30％〔＝15％（原則）＋10％（上乗せ措置①）＋5％（上乗せ措置②）〕となります。

【3】改正の概要

(1)　措置期間

措置期間が3年延長され、令和6年4月1日から令和9年3月31日までの間に開始する各事業年度となります（新措法42の12の5①）。

継続的な賃上げを実現する観点から、措置期間が改正前の2年間より長い3年間となりますが、これは、岸田内閣が今後3年程度を30年続いたコストカット型経済から脱却するための「変革期間」と位置づけ、賃上げや投資拡大への支援策を集中的に講じるとしたことにも対応していると考えられます。

(2)　対象給与等

対象となる給与等については、持続的・構造的な賃上げの実現には基本給の引上げが重要であるとの観点から、賞与や残業代を除くべきという議論がありましたが、企業側の反対意見が強かったことなどから、最終的には、変更は行われません。

また、医療施設、介護施設等が当税制を利用しやすくする観点などから、看護職員処遇改善評価料及び介護職員処遇改善加算その他の役務の提供の対価の額について、継続雇用者給与等支給額から控除される「給与等に充てるため他の者から支払を受ける金額」には含まれないこととされます（つまり、これらの額も継続雇用者給与等支給額に含まれることになります。）（新措法42の12の5⑤四）。

⑶　原則措置・上乗せ措置

　原則の措置については、当初、継続雇用者給与等支給額の前事業年度からの増加率３％以上という要件の廃止や切上げに関する議論もありましたが、賃上げの裾野を広げていく観点などから、３％以上の要件は、維持されます。一方で、税額控除率は10％に引き下げられます（新措法42の12の５①）。これは、令和５年度に多くの企業がすでに３％以上の賃上げを実施していること（注７）を踏まえ、原則措置をそのまま維持した場合、財政的な影響が大きくなることを当局が懸念したためと考えられます。

　上乗せ措置①については、継続雇用者給与等支給額の前事業年度からの増加率が４％以上の場合は税額控除率に５％を加算、同増加率が５％以上の場合は税額控除率に10％を加算、同増加率が７％以上の場合は税額控除率に15％を加算することになります（新措法42の12の５①一）。より高い賃上げへのインセンティブを強化するため、５％、７％という要件が新設されます。

　上乗せ措置②については、改正前は、前事業年度の教育訓練費の額が０円の場合は、僅かな教育訓練費の増加でも適用が可能な状態になっていたため、教育訓練費の額が雇用者給与等支給額の0.05％以上であることが要件として追加されます。その上で、増加率の要件は緩和され、教育訓練費の額が前事業年度から10％以上増加している場合は、税額控除率に５％を加算することになります（新措法42の12の５①二）（注８）。

　さらに、仕事と子育ての両立支援や女性活躍支援の取組みを後押しするため、新たに上乗せ措置③を創設し、プラチナくるみん認定又はプラチナえるぼし認定を受けている場合は、税額控除率に５％を加算することになります（新措法42の12の５①三）（注９）。

　税額控除率は最大で35％〔＝10％（原則）＋15％（上乗せ措置①）＋５％（上乗せ措置②）＋５％（上乗せ措置③）〕になります。

⑷　マルチステークホルダー方針

　取引価格の適正化等を通じて中小企業の賃上げを支援する観点から、中堅企業枠（従業員数2,000人以下）との関係を踏まえ、マルチステークホルダー方針の公表・届出が必要な法人について、常時使用する従業員の数が2,000人を超える法人が加えられます（新措法42の12の５①）。これに該当する法人は、

資本金の規模にかかわらず、同方針の公表・届出が必要となります。

　同方針の記載事項については、インボイス制度の実施を受け、「取引先との適切な関係の構築の方針」における「取引先」に消費税の免税事業者が含まれることが明確化されます。

　なお、同方針の公表・届出の期限について、改正前は「適用事業年度終了の日の翌日から45日を経過する日まで」ですが、公表期限については「適用事業年度終了の日まで」に前倒しされる見込みです（届出期限は変更がない見込みです）。これは、同方針の公表が要件である以上は、遅くとも適用事業年度内に公表すべきであり、適用事業年度終了後に税制が適用可能であることが判明してから公表するのは制度の趣旨に反するという当局の考えを反映したものです。

（注7）　東京商工リサーチ「2023年度「賃上げに関するアンケート」調査」（令和5年8月）によると、令和5年度に賃上げを実施した大企業の72.7%は、3%以上の賃上げを実施しています。

（注8）　詳細は「**4　教育訓練費による上乗せ**」を参照してください。

（注9）　詳細は「**5　子育て促進及び女性活躍認定への控除上乗せ**」を参照してください。

【図表2：賃上げ促進税制の改正の概要】

	【改正前】 適用要件	税額控除率		【改正後】 適用要件	税額控除率
原則	継続雇用者給与等支給額 前年度比増加率　3%以上	15%		継続雇用者給与等支給額 前年度比増加率　3%以上	10%
	マルチステークホルダー方針の公表・届出 資本金10億円以上かつ従業員数1,000人以上の企業			マルチステークホルダー方針の公表・届出 「資本金10億円以上かつ従業員数1,000人以上」又は「従業員数2,000人超」の企業	
上乗せ措置① （賃上げ）	継続雇用者給与等支給額 前年度比増加率　4%以上	+10%（25%）		継続雇用者給与等支給額 前年度比増加率　4%以上	+5%（15%）
				同　5%以上	+10%（20%）
				同　7%以上	+15%（25%）
上乗せ措置② （教育訓練）	教育訓練費 前年度比増加率　20%以上	+5%		教育訓練費 前年度比増加率　10%以上	+5%
上乗せ措置③ （子育て支援・女性活躍）	－	－		プラチナくるみん認定又は プラチナえるぼし認定	+5%
最大控除率	30%			35%	
控除上限	当期の法人税額の20%			当期の法人税額の20%	
措置期間	2年間（令和4年度～5年度）			3年間（令和6年度～8年度）	

※　上乗せ措置①の税額控除率の（　）内の割合は、原則と上乗せ措置の合計。

（長基　公則）

２．（中堅企業向け）賃上げ促進税制の創設

【１】（中堅企業向け）賃上げ促進税制の創設

⑴　制度の概要及び創設に至るまでの経緯

　制度の概要及び創設に至るまでの経緯は、次のとおりです。

【中堅企業（注）向け賃上げ促進税制の改正の概要】

		平成30年度税制改正	令和３年度税制改正	令和４年度税制改正	令和６年度税制改正
対象期間（法人）		平成30年４月１日から令和３年３月31日まで開始事業年度	令和３年４月１日から令和５年３月31日まで開始事業年度	令和４年４月１日から令和６年３月31日まで開始事業年度	令和６年４月１日から令和９年３月31日まで開始事業年度
対象年（個人）		平成31年、令和２年、令和３年	令和４年、令和５年	令和５年、令和６年	令和７年、令和８年、令和９年
適用要件		【大企業向けと同じ】			【中堅企業向けの創設】
		①継続雇用者給与等支給額が前年度比３％以上増加 ②国内設備投資額が当期償却費総額の95％以上（令和２年度税制改正により90%→95%）③雇用者給与等支給額が比較雇用者給与等支給額を超えること	①新規雇用者給与等支給額が前年度比２％以上増加 ②雇用者給与等支給額が比較雇用者給与等支給額を超えること	①継続雇用者給与等支給額が前年度比３％以上増加 ②雇用者給与等支給額が比較雇用者給与等支給額を超えること（注）資本金10億円以上かつ常時使用従業員数1,000人以上の企業については、マルチステークホルダー方針の公表等が必要	①継続雇用者給与等支給額が前年度比３％以上増加 ②雇用者給与等支給額が比較雇用者給与等支給額を超えること（注）資本金10億円以上かつ常時使用従業員数1,000人以上の企業については、マルチステークホルダー方針の公表等が必要
控除率を乗ずる対象金額		控除対象雇用者給与等支給増加額	控除対象新規雇用者給与等支給増加額（雇用者給与等支給増加額を上限）	控除対象雇用者給与等支給増加額	控除対象雇用者給与等支給増加額
控除率	基本	15%			10%（縮小）
	上乗せ	教育訓練費が比較教育訓練費*比20％以上増加 *前２年以内開始各事業年度平均額 / ＋５％	教育訓練費が前年度比20％増加 / ＋５％	継続雇用者給与等支給額が前年度比４％以上増加 / ＋10%	継続雇用者給与等支給額が前年度比４％以上増加 / ＋15%
				教育訓練費が前年比20％以上増加 / ＋５％	教育訓練費が前年度比10％以上増加、かつ、雇用者給与等支給額の0.05％以上 / ＋５％
					プラチナくるみん、又は、えるぼし三段階目以上 / ＋５％
最大控除率		20%	20%	30%	35%
控除限度額		法人税額又は所得税額の20%			

（注）　中堅企業は条文上「特定法人」（新措法42の12の５⑤十）とされています。

(2)　用語の定義

①　「国内雇用者」とは

　法人の使用人の内、その法人の有する国内の事業所に勤務する雇用者で国内に所在する事業所につき作成された賃金台帳に記載された者をいいます。パート、アルバイト、日雇い労働者も含みます。ただし、使用人兼務役員を含む役員及び役員の特殊関係者は、含みません。

②　「役員」とは

　法人の取締役、執行役、会計参与、監査役、理事、監事及び清算人をいいます。

　それら以外の者で、例えば、ⅰ）取締役又は理事となっていない総裁、副総裁、会長、副会長、理事長、副理事長、組合長等、ⅱ）合名会社、合資会社及び合同会社の業務執行社員、ⅲ）人格のない社団等の代表者又は管理人、ⅳ）法定役員ではないが、法人が定款等において役員として定めている者のほか、ⅴ）相談役、顧問などで、その法人内における地位、職務等からみて他の役員と同様に実質的に法人の経営に従事していると認められるものも、含まれます。

③　「特殊関係者」とは

　法人の役員の親族等、つまり、6親等内の血族、配偶者、3親等内の姻族の他、その役員と婚姻関係と同様の事情にある者、その役員から生計の支援を受けている者等も特殊関係者に含まれます。

④　「雇用保険の一般被保険者」とは

　雇用保険の適用事業に雇用される労働者であって、1週間の所定労働時間が20時間未満である者等（雇用保険法の適用除外となる者）以外は、原則として、被保険者となります。「一般被保険者」とは、「被保険者」のうち、高年齢被保険者（65歳以上の被保険者）、短期雇用特例被保険者（季節的に雇用される者）、日雇労働被保険者（日々雇用される者、30日以内の期間を定めて雇用される者）以外の被保険者をいいます。

⑤　「継続雇用者」とは

　前事業年度及び適用事業年度の全ての月分の給与等の支給を受けた国内雇用者であって、前事業年度及び適用事業年度の全ての期間において雇用保険の一般被保険者であり、かつ前事業年度及び適用事業年度の全て又は一部の期間に

おいて高年齢者雇用安定法に定める継続雇用制度の対象（具体的には、就業規則に「継続雇用制度」を導入している旨の記載があり、かつ雇用契約書等か賃金台帳のいずれかに、継続雇用制度に基づき雇用されている者である旨の記載があること）となっていない者をいいます。

⑥ 「給与等」とは

　俸給・給料・賃金・歳費及び賞与並びに、これらの性質を有する給与（所得税法28条1項に規定する給与等）をいいます。退職金など、給与所得とならないものについては、原則として給与等に該当しません。ただし、本制度の適用に当たって、賃金台帳に記載された支給額（所得税法上課税されない通勤手当等の額を含みます。）のみを対象として計算する等、合理的な方法により継続して給与等の支給額を計算することも認められます。

⑦ 「雇用者給与等支給額」とは

　適用事業年度における、全ての国内雇用者に対する給与等の支給額をいいます。ただし、その給与等に充てるため他の者（その法人が外国法人である場合の法人税法138条1項1号に規定する本店等を含みます。）から支払を受ける金額（国又は地方公共団体から受ける雇用保険法62条1項1号に掲げる事業として支給が行われる助成金その他これに類するものの額（雇用安定助成金額）を除きます。）がある場合には、当該金額を控除します。

⑧ 「比較雇用者給与等支給額」とは

　前事業年度の雇用者給与等支給額をいいます。

⑨ 「控除対象雇用者給与等支給増加額」とは

　雇用者給与等支給額から比較雇用者給与等支給額を控除した金額をいいます。ただし、調整雇用者給与等支給増加額を上限とします。また、地方活力向上地域等において雇用者の数が増加した場合の税額控除制度（地方拠点強化税制における雇用促進税制）の適用がある場合には、所要の調整を行います。

⑩ 「調整雇用者給与等支給増加額」とは

　次のアからイを控除した金額をいいます。

　ア．雇用者給与等支給額から雇用安定助成金額を控除した金額

　イ．比較雇用者給与等支給額から雇用安定助成金額を控除した金額

⑪　「継続雇用者給与等支給額」とは

　国内雇用者のうち継続雇用者に対して支給する給与等の支給額をいいます。ただし、給与等に充てるため他の者から支払を受ける金額（雇用安定助成金額を除きます。）がある場合には、当該金額を控除します。

⑫　「継続雇用者比較給与等支給額」とは

　前事業年度の継続雇用者給与等支給額をいいます。

⑬　「教育訓練費」とは

　国内雇用者の職務に必要な技術又は知識を習得させ、又は向上させるために支出する費用のうちの一定のものをいいます。

⑭　「比較教育訓練費の額」とは

　前事業年度の教育訓練費の額をいいます。

⑮　「マルチステークホルダー方針」とは

　法人が事業を行う上での、従業員や取引先等の様々なステークホルダーとの関係の構築の方針として、賃金引上げ、教育訓練等の実施、取引先との適切な関係の構築などの方針を記載したものをいいます。

【2】中堅企業枠創設の背景

　賃上げ促進税制は、基本的には、大企業が適用する全法人向けの措置と中小事業向けの措置の二つの措置となっています。

　ところで、資本金１億円超の法人のうち、地域における賃上げと経済の好循環の担い手として期待される常時使用従業員数2,000人以下の企業については、規模拡大に応じて労働生産性の向上が見られることから、中小企業向けの措置のように、雇用の増加を評価する仕組みにすべきか否かということが検討されました。しかし、ベースアップを目指すという政府方針から、対象者に特定の行動変容を促す、いわゆる「インセンティブ措置」として、より高い賃上げを行いやすい従来の賃上げ率の要件を維持しつつ、控除率が見直され、より高い賃上げを行いやすい環境が整備されることとなります。

	要件	賃上げ税制の適用	マルチステークホルダー方針の公表及びその旨の届出が要件
大企業	資本金1億円超従業員数2,000人超	大企業条件	あり
中堅企業	資本金1億円超、従業員数2,000人以下の企業（支配関係企業従業員数10,000人超を除く）	中堅企業条件	資本金10億円以上かつ1,000人以上あり
			資本金10億円未満なし、従業員1,000人未満なし
中小企業	資本金1億円以下	中小企業条件	なし

（出典：経済産業省「令和6年度（2024年度）経済産業関係　税制改正について」8頁の表から作成）

【3】 創設される措置の概要

　次の要件を満たす中堅企業について、新たな賃上げ促進のための措置が設けられます（新措法42の12の5②）。

(1)　対象とされる中堅企業の要件

　資本金1億円超の法人の内、青色申告書を提出する法人で常時使用する従業員の数が2,000人以下であるものをいいます。ただし、その法人及びその法人との間にその法人による支配関係がある法人の常時使用する従業員の数の合計数が1万人を超えるものを除きます。これらの要件を満たす中堅企業を特定法人といいます（新措法42の12の5⑤十）。

(2)　措置の内容

　特定法人が国内雇用者に対して給与等を支給する場合において、継続雇用者給与等支給額の継続雇用者比較給与等支給額に対する増加割合が3％以上であるときは、控除対象雇用者給与等支給増加額の10％の税額控除ができることとなります。

　この場合において、継続雇用者給与等支給額の継続雇用者比較給与等支給額に対する増加割合が4％以上であるときは、税額控除率に15％が加算され、教育訓練費の額の比較教育訓練費の額に対する増加割合が10％以上であり、かつ、教育訓練費の額が雇用者給与等支給額の0.05％以上であるときは、税額控除率に5％が加算されます。

　さらに、当期がプラチナくるみん認定若しくはプラチナえるぼし認定を受けている事業年度又はえるぼし認定（3段階目）を受けた事業年度であるときは、税額控除率に5％が加算されます（後述）。

　ただし、控除税額は、当期の法人税額の20％を上限とします。

　なお、給与等の支給額から控除する「給与等に充てるため他の者から支払を受ける金額」に看護職員処遇改善評価料及び介護職員処遇改善加算その他の役務の提供の対価の額が含まれないこととなります。

【特定法人】

新制度								旧制度				
継続雇用者給与等支給額（前年度比）	税額控除率	教育訓練費（前年度比）	税額控除率	両立支援・女性活躍	税額控除率	最大控除率		継続雇用者給与等支給額（前年度比）	税額控除率	教育訓練費（前年度比）	税額控除率	最大控除率
＋3％	10%	+10%	5％上乗せ	プラチナくるみん or えるぼし三段階目以上	5％上乗せ	20%	←	＋3％	15%	+20%	5％上乗せ	20%
＋4％	25%					35%		＋4％	25%			30%

（注）　教育訓練費の上乗せ要件は、適用事業年度の教育訓練費の額が適用年度の雇用者給与等支給額の0.05％以上である場合に限り適用可能

(3)　マルチステークホルダー方針の公表

　上記(2)の措置は、資本金の額等が10億円以上であり、かつ、常時使用する従業員の数が1,000人以上である場合には、マルチステークホルダー方針の公表がある場合に限り、適用があるものとされます。

　マルチステークホルダー方針の公表とは、従業員や取引先をはじめとする様々なステークホルダーに対し、各企業がどのような配慮を行うか、自ら宣言することをいいます。

　具体的には、

　ア．従業員への還元（「給与等の支給額の引上げの方針」、教育訓練等の実施の方針）

　イ．取引先への配慮（「取引先との適切な関係の構築の方針」）

等をはじめ、各企業が自社の様々なステークホルダーに対し、どのような取組みを行うかを自社のホームページで公表し、その内容などを経済産業大臣に届け出ることとなります。

　なお、「取引先との適切な関係の構築の方針その他の事項」における取引先に、消費税の免税事業者が含まれることが明確化されます。

⑷　くるみん・えるぼし認定による上乗せ措置

　改正措置では、仕事と子育ての両立や女性の活躍促進に積極的な企業への上乗せ要件が設けられます（新措法42の12の5②三）。

　平成17年4月1日施行の次世代育成支援対策推進法に基づく行動計画の策定し、その行動計画に定めた目標の達成など一定の基準を満たした企業について認定されるものが「くるみん」認定です。

　平成28年4月1日施行の女性活躍推進法に基づく行動計画の策定・届出を行った企業のうち、女性の活躍に関する取組の実施状況が優良な企業について認定されるものが「えるぼし」認定です。

　詳しくは、「5．子育て促進及び女性活躍認定への控除上乗せ（厚生労働省の認定制度＝くるみん・えるぼし）」の【3】及び【4】の解説を参照してください。

【4】法人事業税（外形標準課税）における取扱い

　法人が、令和6年4月1日から令和9年3月31日までの間に開始する各事業年度において国内雇用者に対して給与等を支給する場合において、継続雇用者給与等支給額の継続雇用者比較給与等支給額に対する増加割合が3％以上である等の要件を満たすときは、控除対象雇用者給与等支給増加額を付加価値割の課税標準から控除できることとされます。

　この措置は、法人税における適用要件の見直しに合わせて行われるため、具体的な適用要件は、法人税と同様に次のようになります。

大企業・中堅企業	継続雇用者の給与総額：対前年度増加率3％以上（注）
中小企業	雇用者全体の給与総額：対前年度増加率1.5％以上

（注）　マルチステークホルダー方針に係る要件も法人税と同様です。

【5】適用関係

　これらの措置は、令和6年4月1日から令和9年3月31日までの間に開始する各事業年度において適用されます。

3．（中小企業向け）賃上げ促進税制の拡充・延長

【1】（中小企業向け）賃上げ促進税制の拡充・延長

　制度の概要及び令和6年度改正までの経緯は、次のとおりです。

【中小企業向け賃上げ促進税制（注）の改正の概要】

		平成30年度税制改正	令和3年度税制改正	令和4年度税制改正	令和6年度税制改正
対象期間 （法人）		平成30年4月1日から令和3年3月31日まで開始事業年度	令和3年4月1日から令和5年3月31日まで開始事業年度	令和4年4月1日から令和6年3月31日まで開始事業年度	令和6年4月1日から令和9年3月31日まで開始事業年度
対象年 （個人）		平成31年、令和2年、令和3年	令和4年、令和5年	令和5年、令和6年	令和7年、令和8年、令和9年
適用要件		雇用者給与等支給額が前年度以上、かつ、継続雇用者給与等支給額が前年度比1.5%以上増加	雇用者給与等支給額が前年度比1.5%以上増加		
控除率を乗ずる対象金額		控除対象雇用者給与等支給増加額			
控除率	基本	15%			
	上乗せ	継続雇用者給与等支給額が前年度比2.5%以上増加かつⅰ又はⅱ　ⅰ　教育訓練費が前年度比10%以上増加　ⅱ　中小企業等経営力向上計画の認定かつ証明　+10%	雇用者給与等支給額が前年度比2.5%以上増加かつⅰ又はⅱ　ⅰ　教育訓練費が前年度比10%以上増加　ⅱ　中小企業等経営力向上計画の認定かつ証明　+10%	雇用者給与等支給額が前年度比2.5%以上増加　+15% 教育訓練費が前年度比10%以上増加　+10%	雇用者給与等支給額が前年度比2.5%以上増加　+15% 教育訓練費が、前年度比5%以上増加、かつ、雇用者給与等支給額の0.05%以上　+10% くるみん、又は、えるぼし二段階目以上　+5%
	最大控除率	25%	25%	40%	45%
控除限度額		法人税額又は所得税額の20%			
繰越税額控除		なし			控除できなかった金額は5年間繰越可能

（注）　新措法42の12の5③、旧措法42の12の5②

【2】改正の背景

　中小企業においては、未だその6割が欠損法人となっており、税制措置のインセンティブが必ずしも効かない構造となっています。しかし、わが国の雇用の7割は中小企業が担っており、広く国民の構造的・持続的な賃上げを果たし

ていくためには、こうした企業に賃上げの裾野を拡大していくことが極めて重要な課題となります。こうした観点から、本税制をより使いやすいものとしていくため、従来の賃上げ要件・控除率を維持しつつ、新たに繰越控除制度を創設し、これまで本税制を活用できなかった赤字企業に対しても賃上げにチャレンジする後押しをする必要があると考えられました。

【3】改正後の制度の概要

中小企業が国内雇用者に対して給与等を支給する場合において、次の雇用者給与等支給額の比較雇用者給与等支給額に対する増加割合に対応する税額控除割合は、基本的に改正前の制度が継続されます。

つまり、雇用者給与等支給額が前年度比1.5％以上の場合の税額控除率は15％、2.5％以上の場合の税額控除率は30％です（新措法42の12の5③）。

そして、教育訓練費の額の比較教育訓練費の額に対する増加割合が5％以上（改正前10％以上）であり、かつ、教育訓練費の額が雇用者給与等支給額の0.05％以上である場合は、税額控除率に10％が加算されます。

さらに、当期がプラチナくるみん認定若しくはプラチナえるぼし認定を受けている事業年度又はくるみん認定若しくはえるぼし認定（2段階目以上）を受けた事業年度である場合は、税額控除率に5％が加算されることとなります。

【中小企業】

新制度							旧制度					
継続雇用者給与等支給額（前年度比）	税額控除率	教育訓練費（前年度比）	税額控除率	両立支援・女性活躍	税額控除率	最大控除率		継続雇用者給与等支給額（前年度比）	税額控除率	教育訓練費（前年度比）	税額控除率	最大控除率
+1.5％	15％	＋5％	10％上乗せ	くるみんorえるぼし二段階目以上	5％上乗せ	30％	←	+1.5％	15％	+10％	10％上乗せ	25％
+2.5％	30％					45％	←	+2.5％	30％			40％

（注） 教育訓練費の上乗せ要件は、適用事業年度の教育訓練費の額が適用年度の雇用者給与等支給額の0.05％以上である場合に限り適用可能

※ 中小企業の繰越控除新設：5年間（繰越控除年度は全雇用者給与総額対前年度増が要件）

中小企業においては、基本的に中小企業要件が有利ですが、例えば当該年度において高齢者の退職者が出た場合等においては、中堅企業要件の継続雇用者給与総額差額が、全雇用者給与等支給額差額よりも大きい場合等があり、基本

控除率を乗じた後においてどちらが有利か検討する必要がある場合があります。

【4】繰越税額控除制度の創設

賃上げ促進税制の税額控除の額について、当期の税額から控除できなかった分は5年間にわたって繰り越すことができるようになります（新措法42の12の5④）。

ただし、持続的な賃上げを実現する観点から、繰越控除する年度については、全雇用者の給与等支給額が対前年度から増加していることが要件となります。

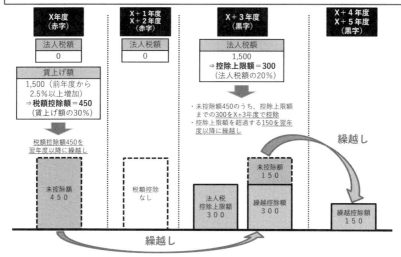

【5】法人住民税の取扱い

国税の見直し及び延長に伴い、税額控除制度が中小企業者等に係る法人住民税に適用され、税額控除後の法人税に法人税割の税率が乗じられることとなります。

【6】適用関係

これらの措置は、令和6年4月1日から令和9年3月31日までの間に開始する各事業年度に適用されます。

4．教育訓練費による上乗せ

【1】賃上げ税制における教育訓練費の上乗せ

雇用促進税制については、企業が教育訓練費を増加させた場合に上乗せ措置を設けています。これは、雇用環境を改善し、人材投資を行うことを支援するものですが、令和4年度の適用実態等では、大企業で3割弱、中小企業で1割弱の適用に留まっていることが分かりました。そこで、適用要件の緩和を行い、活用を促進させることとされます。

一方で、僅かな教育訓練費の増加でも上乗せ特例の適用が可能な状態にあることから、全雇用者に対する給与等支給額に対する教育訓練費の割合の下限値が設けられます。

【2】改正の概要

⑴　前年比増加割合による上乗せ

①　大企業・中堅企業

改正前に、教育訓練費の額の比較教育訓練費の額に対する増加割合が20％以上で、税額控除率に5％を加算するとされていたものが、改正により、教育訓練費の額の比較教育訓練費の額に対する増加割合が10％以上で、税額控除率に5％を加算することとされます。

②　中小企業

教育訓練費の額の比較教育訓練費の額に対する増加割合が10％以上で、税額控除率に10％を加算するとされていたものが、改正により、教育訓練費の額の比較教育訓練費の額に対する増加割合が5％以上で、税額控除率に10％を加算することとされます。

⑵　全雇用者に対する給与等支給額に対する割合の導入

上記⑴の上乗せは、教育訓練費の額が雇用者給与等支給額の0.05％以上であるときに限って行うこととされます。

【3】教育訓練費の内容等

所得の金額の計算上損金の額に算入される教育訓練費とは、国内雇用者の職務に必要な技術若しくは知識を習得させ又は向上させるために支出する費用のうちの一定のものをいいます。具体的には、法人が教育訓練等を自ら行う場合の費用（外部講師謝金等、外部施設使用料等）、他の者に委託して教育訓練等

を行わせる場合の費用（研修委託費等）、他の者が行う教育訓練等に参加させる場合の費用（外部研修参加費等）などとなります。

⑴　教育訓練の対象者

教育訓練の対象者は、法人又は個人の国内雇用者となります。

したがって、次の者は、国内雇用者ではないため、対象外となります。

①　当該法人の役員又は個人事業主

②　使用人兼務役員

③　当該法人の役員又は個人事業主の特殊関係者（ア　役員の親族、イ　事実上婚姻関係と同様の事情にある者、ウ　役員から生計の支援を受けている者、エ　イ又はウと生計を一にする親族）

④　内定者等の入社予定者

⑵　対象となる教育訓練費の範囲

①　法人等が教育訓練等を自ら行う場合の費用（外部講師謝金等、外部施設使用料等）

ア　法人等がその国内雇用者に対して、外部から講師又は指導者（以下「外部講師等」といいます。）を招聘し、講義・指導等の教育訓練等を自ら行う費用であること。

⇒講義・指導等の内容は、大学等の教授等による座学研修や専門知識の伝授のほか、技術指導員等による技術・技能の現場指導などを行う場合も対象となります。

⇒招聘する外部講師等は、当該法人の役員又は使用人以外の者であること。（当該法人の子会社、関連会社等のグループ企業の役員又は使用人でも可）

⇒外部の専門家・技術者に対し、契約により、継続的に講義・指導等の実施を依頼する場合の費用も、対象となります。

イ　外部講師等に対して支払う報酬、料金、謝金その他これらに類する費用であること。

⇒講義・指導の対価として外部講師等に支払う報酬等。（なお、外部講師等の個人に対して報酬等を直接支払った場合に限らず、法人から講師等の派遣を受けその対価をその法人に支払った場合の費用も対象となります。）

⇒講義・指導等の対価として支払う報酬等に限らず、当該法人等が負担する

外部講師等の招聘に要する費用（交通費・旅費（宿泊費、食費等を含みます。））も対象となります。

ウ　法人等がその国内雇用者に対して、施設、設備その他資産（以下「施設等」といいます。）を賃借又は使用して、教育訓練等を自ら行う費用であること。

⇒当該法人の子会社、関連会社等のグループ企業の所有する施設等を賃借する場合も対象となります。

⇒その施設等が普段は生産等の企業活動に用いられている場合であっても、賃借して使用する者が、教育訓練等を行うために賃借等する場合は対象となります。

エ　施設・備品・コンテンツ等の賃借又は使用に要する費用であること。

⇒施設・備品等の賃借又は使用の対価として支払う費用（使用料、利用料、賃借料、借上料、レンタル料、リース料等）であること。教育訓練等のために使用されている契約期間であれば、その実際の使用期間に制約されません。

　　【「施設、設備・コンテンツ等」の主な例示】

　　　　◇施設（例：研修施設、会議室、実習室等）

　　　　◇設備（例：教育訓練用シミュレーター設備等）

　　　　◇器具・備品（例：OHP、プロジェクター、ホワイトボード、パソコン等）

　　　　◇コンテンツ（例：コンテンツDVD、eラーニング内のコンテンツ等）

オ　教育訓練等に関する計画又は内容の作成について、外部の専門知識を有する者に委託する費用であること。

② 他の者に委託して当該国内雇用者に対して教育訓練等を行わせる場合の費用（研修委託費）

ア　法人等がその国内雇用者の職務に必要な技術・知識の習得又は向上のため、他の者に委託して教育訓練等を行わせる費用であること。

　　【「他の者」の主な例示】

　　　　◇事業として教育訓練を行っている外部教育機関

　　　　（民間教育会社、公共職業訓練機関、商工会議所等）

　　　　◇上記以外の一般企業

　　　　◇当該法人の子会社、関連会社等グループ内の教育機関、一般企業

　イ　教育訓練等のために他の者に対して支払う費用（講師の人件費、施設使用料等の委託費用）であること。

③　他の者が行う教育訓練等に参加させる場合の費用（外部研修参加費）

　ア　法人等がその国内雇用者の職務に必要な技術・知識の習得又は向上のため、他の者が行う教育訓練等に当該国内雇用者を参加させる費用であること。

　⇒法人等がその国内雇用者を他の者が行う教育訓練等（研修講座、講習会、研修セミナー、技術指導等）に参加させる費用であること。

　⇒法人等が直接又は間接に（国内雇用者を通じて）他の者に対し支払う費用であること。（当該国内雇用者が費用の一部を負担する場合は、その負担された金額を教育訓練費から控除します。）

　イ　他の者が行う教育訓練等に対する対価として当該他の者に支払う授業料、受講料、受験手数料その他の費用であること。

　⇒教育訓練等の講座等（研修講座、講習会、研修セミナー、技術指導等）の授業料、受講料、参加料、指導料等、通信教育に係る費用等（受験手数料は、教育訓練等の一環として各種資格・検定試験が行われる場合に対象となります。）

　⇒法人等がその国内雇用者を国内外の大学院コース等に参加させる場合に大学院等に支払う授業料等聴講に要する費用、教科書等の費用（所得税法上、学資金等として給与に該当するものを除きます。）

⑶　教育訓練費の対象とならない費用

①　法人等がその使用人又は役員に支払う教育訓練中の人件費、報奨金等

②　教育訓練等に関連する旅費、交通費、食費、宿泊費、居住費（研修の参加に必要な交通費やホテル代、海外留学時の居住費等）

③　福利厚生目的など教育訓練以外を目的として実施する場合の費用

④　法人等が所有する施設等の使用に要する費用（光熱費、維持管理費等）

⑤　法人等の施設等の取得等に要する費用（当該施設等の減価償却費も対象となりません。）

⑥　教材等の購入・製作に要する費用（教材となるソフトウエアやコンテンツの開発費を含みます。）

⑦　教育訓練の直接費用でない大学等への寄附金、保険料等

【3】適用関係

　これらの措置は、令和6年4月1日から令和9年3月31日までの間に開始する各事業年度において適用されます。

（小林　磨寿美）

5．子育て促進及び女性活躍認定への控除上乗せ（厚生労働省の認定制度＝くるみん・えるぼし）

【1】制度の概要

　令和6年税制改正大綱では、物価上昇を上回る賃金上昇の実現を最優先課題とし、賃上げについての流れを後押しするために賃上げ促進税制の強化が盛り込まれています。

　女性活躍推進や子育てと仕事の両立支援に取り組む企業を後押しするものとして、厚生労働省によるえるぼし認定・くるみん認定取得企業に対してこの賃上げ促進税制の税額控除が5％上乗せになる優遇措置が創設されます。

　これにより、賃上げ促進税制の最大控除率は、大企業・中堅企業においては現行の30％から35％に、中小企業においては現行の40％から45％に引き上げられることになります。

　この結果、賃上げ促進税制は、賃上げだけではなく「働き方」全般にプラスの効果を及ぼすような税制措置となります。

【2】改正の内容

　以下の区分に応じ、賃上げ促進税制の税額控除率が上乗せされます。

⑴　大企業

　「プラチナくるみん認定」又は「プラチナえるぼし認定」

　　⇒税額控除率を5％上乗せ、最大控除率は35％

⑵　中堅企業（新設）

　「プラチナくるみん認定」又は「えるぼし認定三段階目以上」「プラチナえるぼし認定」

⇒税額控除率を５％上乗せ、最大控除率は35％

(3)　中小企業

「くるみん認定」「プラチナくるみん認定」又は「えるぼし認定二段階目以上」「プラチナえるぼし認定」

⇒税額控除率を５％上乗せ、最大控除率は45％

※　ただし、いずれの場合も控除税額は当期の法人税額の20％が上限です。

（1－3）賃上げ促進税制の拡充及び延長 (所得税・法人税・法人住民税・事業税)　　拡充・延長

● ３０年ぶりの高い水準の賃上げ率を一過性のものとせず、**構造的・持続的な賃上げを実現**することを目指す。

改正後【措置期間：3年間】

	継続雇用者給与等支給額（前年度比）※4	税額控除率※6	教育訓練費※7（前年度比）	税額控除率	両立支援・女性活躍	税額控除率	最大控除率
大企業※1	＋3% ＋4% ＋5% ＋7%	10% 15% 20% 25%	＋10%	5%上乗せ	プラチナくるみん or プラチナえるぼし	5%上乗せ	35%
中堅企業※2	＋3% ＋4%	10% 25%	＋10%	5%上乗せ	プラチナくるみん or えるぼし三段階目以上	5%上乗せ	35%
中小企業※3	全雇用者※5 給与等支給額（前年度比） ＋1.5% ＋2.5%	15% 30%	＋5%	10%上乗せ	くるみん or えるぼし二段階目以上	5%上乗せ	45%

改正前【措置期間：2年間】

	継続雇用者給与等支給額（前年度比）	税額控除率	教育訓練費（前年度比）	税額控除率	最大控除率
大企業	＋3% ＋4%	15% 25%	＋20%	5%上乗せ	30%
中小企業	全雇用者 給与等支給額（前年度比） ＋1.5% ＋2.5%	15% 30%	＋10%	10%上乗せ	40%

※3　中小企業は、賃上げを実施した年度に控除しきれなかった金額の**5年間の繰越しが可能**※8。

※1　「資本金10億円以上かつ従業員数1,000人以上」又は「従業員数2,000人超」のいずれかに当てはまる企業は、**マルチステークホルダー方針の公表及びその旨の届出**を行うことが適用の条件。それ以外の企業は不要。
※2　従業員数2,000人以下の企業（その法人及びその法人との間にその法人による支配関係がある法人の従業員数の合計が1万人を超えるものを除く。）が適用可能。
　　ただし、資本金10億円以上かつ従業員数1,000人以上の企業は、**マルチステークホルダー方針の公表及びその旨の届出**が必要。
※3　中小企業者等（資本金1億円以下の法人、農業協同組合等）又は従業員数1,000人以下の個人事業主が適用可能。
※4　継続雇用者とは、適用事業年度及び前事業年度の全月分の給与等の支給を受けた国内雇用者（雇用保険の一般被保険者に限る）。
※5　全雇用者とは、雇用保険の一般被保険者に限られない全ての国内雇用者。
※6　税額控除額の計算は、全雇用者の前事業年度からの給与等支給増加額に税額控除率を乗じて計算。ただし、控除上限額は法人税額等の20%。
※7　教育訓練費の上乗せ要件は、適用事業年度の教育訓練費が適用事業年度の全雇用者に対する給与等支給額の0.05%以上である場合に限り、適用可能。
※8　繰越税額控除をする事業年度において、全雇用者の給与等支給額が前年度より増加している場合に限り、適用可能。

（出典：経済産業省「令和6年度（2024年度）経済産業関係　税制改正について」8頁）

【3】えるぼし認定

　少子高齢化が進む現代日本において、人口減少に伴う労働力の確保や定着、人材の多様性の確保は不可欠であり、女性が活躍できる環境を整えることが求められています。

　平成28年4月に女性活躍推進法が施行され、この女性活躍推進法に基づいた「女性の活躍に関する取り組み状況が優良な企業」に該当すると厚生労働大臣が認定する制度として「えるぼし認定」があります。

　「えるぼし認定」とは、働きたいと考える女性が仕事をする上で十分に能力

を発揮し、活躍できる環境を整えようとするものであり、国が抱える課題を解決する対策の一つと言ってもいいでしょう。

えるぼし認定の基準には、次の５つの項目があります。

1. 採用
2. 継続就業
3. 労働時間等の働き方
4. 管理職比率
5. 多様なキャリアコース

「女性の職業生活における活躍の状況に関する実績に係る基準」を満たした数に応じて３段階のえるぼしマークがあり、女性活躍の度合いが高いほど星が増えていきます。

３段階目より更に高い水準の要件を満たす企業は「プラチナえるぼし」の認定を受けることができ、合計４種類のえるぼしマークがあります。

えるぼし認定・プラチナえるぼし認定を受けた事業主は、自社の商品・広告・名刺・HP等に厚生労働大臣が認める認定マークを付すことができ、女性の活躍を推進している事業主であることをPRできます。

更に、えるぼし認定・プラチナえるぼし認定を受けた事業主は、

・公共調達で加点評価を受ける
・日本政策金融公庫の「働き方改革推進支援資金（企業活力強化貸付）を通常よりも低金利で利用できる

などの優遇措置があり、企業の社会的なイメージアップ、従業員の満足度が向上する、優秀な人材からの応募が高まる可能性があるなどのメリットがあります。

【4】くるみん認定

くるみん認定も、えるぼし認定同様、急激な少子高齢化による労働力不足を補うため、仕事と子育てを両立する女性が安心して長く働ける環境づくりを支援するものです。

次代の社会を担う子どもたちが健やかに生まれ育成される環境を整備するため、平成17年に次世代育成支援対策推進法が施行されました。

この法律においては常時雇用する労働者が101人以上の企業は労働者の仕事

と子育てに関する「一般事業主行動計画」の策定・届け出、外部への公表、労働者への周知を行うことが義務付けられています（100人以下の企業は努力義務）。

　この「次世代育成支援対策推進法」に基づいて行動計画を作成し、計画に定めた目標を達成して一定の基準を満たした企業は、申請を行うことにより、厚生労働大臣の認定を受けることができます（くるみん認定・トライくるみん認定）。

　さらに、くるみん認定・トライくるみん認定を受けた企業のうち、より高い水準の取り組みを行った企業が一定の要件を満たした場合にプラチナくるみん認定という特例認定を受けることができます。

　くるみん認定は、「子育てサポート企業」として厚生労働大臣の認定を受けた証で、共働きで仕事と育児の両立が難しく離職せざるを得なかった女性の再就職先としても注目が集められています。

　認定を受けた事業主は、えるぼし認定同様、自社の商品・広告・名刺・HP等に厚生労働大臣が認めるくるみんマーク・プラチナくるみんマーク・トライくるみんマークを付すことができ、子育てサポート企業であることをPRできます。

　　・公共調達で加点評価を受ける
　　・日本政策金融公庫の「働き方改革推進支援資金（企業活力強化貸付）を通
　　　常よりも低金利で利用できる

などの優遇措置があること、企業のイメージアップ等のメリットがあることも、えるぼし認定と同様で、くるみん助成金（300人以下の企業）が受けられるなどのメリットもあります。

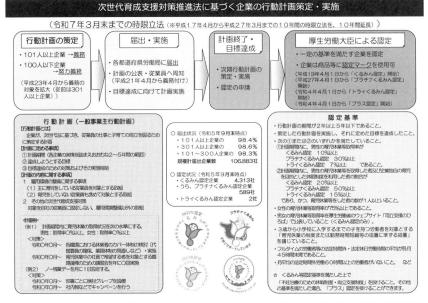

（出典：仕事と育児・介護の両立支援対策の充実に関する参考資料集
労働政策審議会　雇用環境・均等分科会（第65回））

【5】適用関係

　この改正は、令和6年4月1日から令和9年3月31日までの間に開始する各
事業年度において適用されます。

【6】くるみん認定基準の見直し

⑴　目標数値の設定と事業主の責務の改正

　国を挙げて仕事と子育てを両立できる働き方が可能となる企業の取り組み推
進のため、次世代育成支援対策推進法は、その期限を令和17年3月31日まで10
年延長したうえで、常時雇用する労働者が101名以上の企業が、くるみん認定
の一般事業主行動計画を策定または変更しようとするときは、その労働者の育
児休業等の取得の状況及び労働時間の状況を把握し、労働者の仕事と家庭の両
立が図られるよう改善すべき事情について分析し、更にその結果を勘案してこ
れを定めることが義務付けられました。

　この場合において、一般事業主行動計画において定める次世代育成支援対策の実施により達成しようとする目標については、その雇用する労働者の育児休業等の取得の状況及び労働時間の状況に係る数値を用いて定量的に定めることが義務付けられました（常時雇用する労働者が100名以下の企業は努力義務）。

　また、事業主は、男女ともに仕事と子育てを両立できる職場を目指す企業の取り組みの更なる促進のために、多様な労働条件の整備に加え、育児休業を取得しやすい職場環境の形成及び労働時間短縮の取組を規定することとなりました。

⑵　男性の育児休業取得状況の公表の改正

　男性の育児休業の公表はくるみん認定企業のみならず、従業員数が該当する企業には公表が義務付けられています。

　育児・介護休業法の改正により、常時雇用する労働者が1,000人を超える企業の事業主は、男性労働者の育児休業等の取得状況を少なくとも年１回公表することが義務付けられていましたが、この事業主の範囲が常時雇用する労働者の数が1,000人を超えるものから300人を超えるものへと拡大されました。

⑶　適用関係

　⑴と⑵の規定は令和７年４月１日から適用されます。

⑷　今後の認定基準の見直しの検討

　くるみん認定には複数の認定基準がありますが、このうち男性の育児休業普及には国も重点を置いています。

　政府が掲げている男性の育児休業取得率の目標値は2025年までに30％でしたが、この目標は2025年までに50％、2030年までに85％と大幅に引き上げられています。

　こうした政府の目標値の引き上げを受け、くるみん認定基準における男性育児休業取得率は以下のとおり見直しが検討されています。

　中小企業においては、男性育児休業取得者が１人以上いた場合、この割合の分母は、男性従業員で配偶者が出産した従業員となります。この場合は、くるみん認定申請を行う必要があります。

男性労働者の育休等取得率	見直し案	令和 4 年 4 月 1 日改正
トライくるみん	7 ％以上から10％以上	7 ％以上から10％以上
くるみん	10％以上から30％以上	7 ％以上から10％以上
プラチナくるみん	30％以上から50％以上	30％以上から50％以上

男性労働者の育休等・育児目的休暇取得率（かつ育休等取得者が 1 人以上いること）	見直し案	令和 4 年 4 月 1 日改正
トライくるみん	15％以上から20％以上	15％以上から20％以上
くるみん	20％以上から50％以上	15％以上から20％以上
プラチナくるみん	50％以上から70％以上	30％以上から50％以上

（参考資料：「仕事と育児・介護の両立支援対策の充実について（案）」　労働政策審議会　雇用環境・均等分科会（第66回）資料 1　令和 5 年12月26日）

　くるみん認定基準の見直しは、男性の育児休業取得率以外にも、女性労働者の育児休業制度の対象となる有期雇用労働者の育児休業等取得率、フルタイム労働者の時間外労働等の状況、所定外労働の削減のための措置などの目標、能力向上またはキャリア形成の支援のための取組に係る計画等も併せて検討されています。

（藤野　智子）

6．特定税額控除規定の不適用措置
【1】改正前の制度の概要
　本制度は、収益が向上しているにもかかわらず、賃上げや国内設備投資に消極的な大企業について、研究開発税制等の一定の租税特別措置（特定税額控除規定）の適用を認めないこととするものであり（措法42の13⑤）、懲罰的な内容の措置であることから、「ムチ税制」とも呼ばれています。
　具体的には、大企業（研究開発税制における中小事業者（措法42の 4 ⑲七）等に該当しない法人）は、次の要件の全てに該当する場合には、特定税額控除規定を適用することができないこととされています。

① 所得金額

　　対象年度の所得金額が前事業年度の所得の金額を上回ること

② 継続雇用者の給与等支給額

〈大企業（下記以外の場合）〉

　　対象年度の継続雇用者の給与総額が、前事業年度の継続雇用者の給与総額以下であること

〈前年度が黒字の大企業（資本金10億円以上かつ従業員数1,000人以上）：要件の上乗せ措置〉

　　対象年度の継続雇用者の給与総額が、前事業年度から１％以上増加していないこと

③ 国内設備投資額

　　対象年度の国内設備投資額が減価償却費の30％以下に留まること

　特定税額控除とは、特定の地域、業種、中小企業を対象とする措置等を除く、生産性の向上に関連する租税特別措置の税額控除であり、具体的には、次のとおりとされています。

　・研究開発税制

　・地域未来投資促進税制

　・５Ｇ導入促進税制

　・デジタルトランスフォーメーション投資促進税制

　・カーボンニュートラル投資促進税制

【２】改正後の制度の概要

　賃上げや国内投資に消極的な企業に対するディスインセンティブを強化する観点から、次の見直しが行われた上、適用期限が３年延長されます（新措法42の13⑤柱書き）。

(1)　要件の上乗せ措置について、次の見直しが行われます。

　　㋐　上乗せ措置の対象に、常時使用従業員数が2,000人を超える場合及び前事業年度の所得の金額が零を超える一定の場合のいずれにも該当する場合を加える（新措法42の13⑤一イ(1)）。

　　㋑　国内設備投資額に係る要件を、国内設備投資額が当期償却費総額の40％

を超えることとする（新措法42の13⑤二）。

(2)　継続雇用者給与等支給額に係る要件を判定する場合に給与等の支給額から控除する「給与等に充てるため他の者から支払を受ける金額」に看護職員処遇改善評価料及び介護職員処遇改善加算その他の役務の提供の対価の額が含まれないこととする（新措法42の12の５⑤四）。

　(1)　の見直しによって、本措置が発動する要件は、次のようになります。

①　所得金額

　対象年度の所得金額が前事業年度の所得の金額を上回ること

②　継続雇用者の給与等支給額

〈大企業（下記以外の場合）〉

　対象年度の継続雇用者の給与総額が前事業年度の継続雇用者の給与総額以下であること

〈前年度が黒字の大企業（資本金10億円以上かつ従業員数1,000人以上、又は、従業員数2,000人超）：要件の上乗せ措置〉

　対象年度の継続雇用者の給与総額が前事業年度から１％以上増加していないこと

③　国内設備投資額

〈大企業（下記以外の場合）〉

　対象年度の国内設備投資額が減価償却費の30％以下に留まること

〈前年度が黒字の大企業（資本金10億円以上かつ従業員数1,000人以上、又は、従業員数2,000人超）：要件の上乗せ措置〉

　対象年度の国内設備投資額が減価償却費の40％以下に留まること

　上乗せ措置の対象法人が拡充されるのは、賃上げ税制における見直しを受けたものです。賃上げ税制では、従来の大法人（資本金１億円超）の中でも特に大規模な企業を対象に、マルチステークホルダー方針の公表が要件とされてきました。令和６年度税制改正では、賃上げ税制における中堅企業枠の創設に伴い、マルチステークホルダー方針の公表が要件となる企業の範囲が拡大されます。これにあわせて、特定税額控除規定の不適用措置においても、上乗せ措置の対象となる法人の範囲が見直されます。

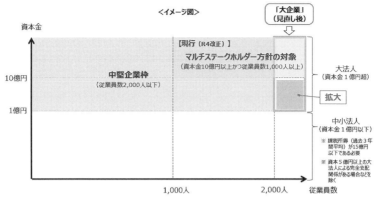

（出典：財務省「令和6年度税制改正（案）について」24頁）

　ムチ税制が発動されるのは、①から③までの全ての要件に該当する場合です。そのため、いずれか一つ又は二つの要件に該当してしまう場合にも、一つでも該当しない要件があれば、ムチ税制の適用を受けることはありません。また、グループ通算制度を適用する法人において、ムチ税制の適用判定が通算グループ全体を対象として行われるのは、従来通り、研究開発税制（一般型、オープンイノベーション型）を適用しようとする場合とされています（新措法42の13⑦五～七）。

　令和6年度税制改正で創設された戦略分野国内生産促進税制は、本制度の対象となる特定税額控除には、含まれないこととなっています。しかし、本制度の上乗せ措置と同等の要件が、戦略分野国内生産促進税制の中に組み込まれます（新措法42の12の7⑱）。

　本制度の適用期限は3年延長され、令和8年度末までとなります。通常であれば、次の見直しは令和8年度税制改正において行われることとなりますが、本制度は、大胆な税制措置が講じられた際に、適用期限にかかわらず見直されてきました。引き続き、適用期限にかかわらず、本制度の見直しに向けた動きを注視する必要があります。

（瀧沢　颯）

７．中小企業事業再編投資損失準備金制度の拡充及び延長

【１】改正前の制度の概要

⑴　中小企業事業再編投資損失準備金制度の概要

　中小企業者のうち、令和６年３月31日までに事業承継等事前調査（実施する予定の DD の内容）に関する事項が記載された経営力向上計画の認定を受けたものが、株式等（取得価額が10億円を超える場合を除きます。）の購入によって M&A を実施する場合に、株式等の取得価額として計上する金額（取得価額、手数料等）の一定割合の金額を準備金として積み立てた時は、その事業年度において損金算入できる制度です（措法56）。

※　DD（デュー・デリジェンス）：M&A を実施するに当たって、買手企業が売手企業に対して、財務や法務の状況について詳細に調査すること。

```
◆M&A実施時　　：　買手企業は、株式等の取得対価の70%以下の金額を準備金として積み立て
　　　　　　　　　　　　　　　　　　　　　　　　　　　　　　⇒　積立額を損金算入
◆取崩要件該当時：　減損や株式売却等を行った場合は、準備金を取り崩す　⇒　取崩額を益金算入
◆５年経過後　　：　措置期間後の５年間にかけて均等額で準備金を取り崩す　⇒　取崩額を益金算入
```

（出典：中小企業庁「中小企業の経営資源の集約化に資する税制概要・手引き」６頁）

【中小企業事業再編投資損失準備金制度の概要】

対象者	事業承継等事前調査（実施する予定のDDの内容）に関する事項が記載された経営力向上計画の認定を受けた法人	青色申告書を提出する中小企業者であること（適用除外事業者を除く） 但し、経営力向上計画は、特定事業者等（注）のみ提出が可能
適用要件	・経営力向上計画に従って他の法人の株式を購入すること ・取得事業年度終了の日まで、当該他の法人の株式を保有していること	株式の取得価額が10億円を超える場合を除く
措置内容	・損金経理の方法により中小企業事業再編投資損失準備金として積み立てた金額について損金算入できる ・当該他の法人の株式を譲渡等した場合には、準備金を取り崩して益金算入する ・取得事業年度終了の日の翌日から5年を経過した日を含む事業年度から5年間でその経過した準備金残高の均等額を取り崩して、益金算入する	損金算入額は、株式の取得価額の70%を限度とする
適用期限	改正中小企業等経営強化法の施行日（令和3年8月2日）から令和6年3月31日までの間に経営力向上計画の認定を受けること	

（注）　特定事業者等とは、常時使用する従業員数が2,000人以下の法人又は個人をいいます（中小企業等経営強化法2⑤・⑥）。

(2)　経営資源集約化税制

　経営資源の集約化（M&A）によって生産性向上等を目指す経営力向上計画の認定を受けた中小企業が、その計画に基づいてM&Aを実施した場合に、①設備投資減税（中小企業経営強化税制D類型）、②雇用確保を促す税制（所得拡大促進税制の上乗せ要件に必要な計画の認定を不要とする）、③準備金の積立（中小企業事業再編投資損失準備金）を認める措置が令和3年度改正により創設されました。

　創設時は、この３つの措置をまとめて経営資源集約化税制と称していましたが、令和４年度税制改正において、所得拡大促進税制から賃上げ促進税制へと改正された際に、上乗せ措置における経営力向上計画の認定等の要件は廃止することとされたため、その後は設備投資減税と準備金の積立ての２つの措置をもって経営資源集約化税制と称されています。

【参考】 税制措置を併用する場合の申請一覧

（出典：中小企業庁「中小企業の経営資源の集約化に資する税制概要・手引き」９頁）

【2】改正の背景

　令和６年度税制改正では、改正前の制度の延長に加え、複数回のM&Aを実施する場合の拡充措置が創設されます。

　後継者不在の中小企業が依然として多く、親族外承継の重要性は増々高まっています。また、地域経済・雇用を担おうとする中小企業による経営資源の集約化により、業態転換を含めた大胆なビジネスモデルの変革を促すことが必要とされています。事業承継や経営資源集約化のための手段としてM&Aは有効であり、生産性向上、地域における雇用の確保、サプライチェーンの維持等につながることが期待されますが、中小企業同士のM&Aでは、当事者にとって

M&Aのなじみが薄く、特に買い手にとっては DD（デュー・デリジェンス）の負担が大きく、株式の購入による M&A には簿外債務や偶発債務の発生リスクが内在していることから、引き続き本税制措置によりリスクを軽減する取組みが必要とされています。

　そして、今年度は産業競争力強化法の改正が予定されていますが、大企業が海外投資を進める中、中堅企業（本書75頁参照）は国内投資、雇用、給与総額を伸ばし、地方部にも良質な雇用を提供しており、国内投資の拡大・新陳代謝の受け皿になっているとして、中堅企業を支援措置の対象にするとしています。税制においても、成長意欲のある中堅企業及び中小企業が、複数の中小企業を子会社化し、グループ一体となって成長していくことを後押しするため、複数回の M&A を実施する場合には、積立率を改正前の70％から最大100％に拡充し、据置期間を改正前の５年から10年に延長する措置を講ずるとして、中小企業事業再編投資損失準備金制度の拡充措置が創設されることとなっています。

【3】改正の内容

(1) 拡充措置の創設

　産業競争力強化法の改正を前提に、青色申告書を提出する法人で同法の改正法の施行の日から令和９年３月31日までの間に産業競争力強化法の特別事業再編計画の認定を受けた認定特別事業再編事業者であるものが、その認定に係る特別事業再編計画に従って他の法人の株式等の取得（購入による取得に限る。）をし、かつ、これをその取得の日を含む事業年度終了の日まで引き続き有している場合（その株式等の取得価額が100億円を超える金額又は１億円に満たない金額である場合及び一定の表明保証保険契約を締結している場合を除きます。）において、その株式等の価格の低落による損失に備えるため、その株式等の取得価額に積立率（２回目の M&A については90％、３回目以降の M&A については100％）を乗じた金額以下の金額を中小企業事業再編投資損失準備金として積み立てたときは、その積み立てた金額は、その事業年度において損金算入できる措置（拡充措置）が創設されます（新措法56①の表の第２号）。

　拡充措置は２回目以降の M&A に適用され、過去５年以内に M&A の実績があることが必要とされます。延長される改正前の制度は中小企業者しか適用することができないのに対し、拡充措置は中小企業者のみならず中堅企業も適用

することが可能です。また、改正前の制度は中小企業等経営強化法の経営力向上計画の認定を受ける必要がありますが、拡充措置は産業競争力強化法の特別事業再編計画の認定を受ける必要があります。

　この準備金は、その株式等の全部又は一部を有しなくなった場合、その株式等の帳簿価額を減額した場合等において取り崩すほか、その積み立てた事業年度終了の日の翌日から10年を経過した日を含む事業年度から5年間でその経過した準備金残高の均等額を取り崩して、益金算入されます。改正前の制度では据置期間が5年間であるのに対し、拡充措置では10年間とされており、大幅な適用期間の長期化が図られています（新措法56②～⑤）。

【拡充措置の概要】

対象者	産業競争力強化法の特別事業再編計画の認定を受けた法人	青色申告書を提出する法人であること 但し、特別事業再編計画は、中堅企業・中小企業者のみ提出が可能
適用要件	・特別事業再編計画に従って他の法人の株式を購入すること ・取得事業年度終了の日まで、当該他の法人の株式を保有していること ・過去5年以内にM&Aの実績があること	株式の取得価額が100億円を超える場合又は1億円に満たない場合及び一定の表明保証保険契約を締結している場合を除く
措置内容	・損金経理の方法により中小企業事業再編投資損失準備金として積み立てた金額について損金算入できる ・当該他の法人の株式を譲渡等した場合には、準備金を取り崩して益金算入する ・取得事業年度終了の日の翌日から10年を経過した日を含む事業年度から5年間でその経過した準備金残高の均等額を取り崩して、益金算入する	損金算入額は、2回目のM&Aについては株式の取得価額の90%を限度し、3回目以降のM&Aについては株式の取得価額の100%を限度とする
適用期限	改正産業競争力強化法の施行日から令和9年3月31日までの間に特別事業再編計画の認定を受けること	

⑵　その他の改正

　改正前の制度の適用期限が延長され、令和９年３月31日までの間に経営力向上計画の認定を受けることにより適用が可能となります。

　改正前の制度及び拡充措置に共通する内容として、その事業承継等を対象とする一定の表明保証保険契約を締結している場合には、本措置を適用しないこととされ、また、準備金の取崩し事由に、株式等の取得をした事業年度後にその事業承継等を対象とする一定の表明保証保険契約を締結した場合を加え、その事由に該当する場合には、その全額を取り崩して、益金算入することとされています。

　さらに、中小企業等経営強化法の経営力向上計画（事業承継等事前調査に関する事項の記載があるものに限ります。）の認定手続について、その事業承継等に係る事業承継等事前調査が終了した後（最終合意前に限ります。）においてもその経営力向上計画の認定ができることとする運用の改善が行われます。

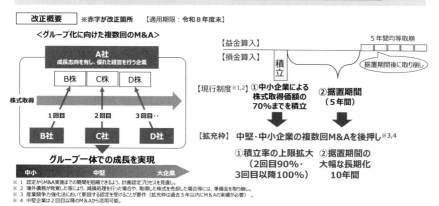

（出典：経済産業省「令和６年度（2024年度）経済産業関係　税制改正について」17頁）

（有田　賢臣）

8. 法人事業税付加価値割における賃上げ環境の整備等

【1】改正の概要と趣旨

　法人税の賃上げ促進税制見直しに合わせ、3年間の時限措置として、継続雇用者の給与総額の対前年度増加割合に係る適用要件等を法人税の賃上げ促進税制見直し後の要件等と同様とし、雇用者全体の給与総額の増加額（控除対象雇用者給与等支給増加額）を法人事業税・付加価値割の課税標準（付加価値額）から控除する措置が講じられます。

　これは、付加価値割の課税標準には、報酬給与額が含まれていることから、賃上げの勢いを維持し水を差さぬよう、企業の賃上げに向けた努力を後押しするよう考慮された措置です。

【法人事業税付加価値割の算定イメージ】

【2】改正の詳細（適用要件・控除額及び適用期間）

① 法人が、令和6年4月1日から令和9年3月31日までの間に開始する各事業年度において国内雇用者に対して給与等を支給する場合に、継続雇用者給与等支給額の継続雇用者比較給与等支給額に対する増加割合が3％以上である等の要件を満たすときは、控除対象雇用者給与等支給増加額を付加価値割の課税標準から控除できることとされます（新地法附則9⑬）。

② 中小企業者等が、令和7年4月1日から令和9年3月31日までの間に開始する各事業年度において国内雇用者に対して給与等を支給する場合に、雇用者給与等支給額の比較雇用者給与等支給額に対する増加割合が1.5％以上である等の要件を満たすときは、控除対象雇用者給与等支給増加額を付加価値割の課税標準から控除できることとされます（新地法附則9⑭）。

	改正前	改正後	
		①　法人	②　中小企業者等
適用要件 （法人税と同様）	継続雇用者給与総額の対前年度増加割合が3％以上であること（※）		雇用者全体給与総額の対前年度増加割合が1.5％以上であること
控除額	雇用者全体の給与総額の対前年度増加額 （控除対象雇用者給与等支給増加額）		
適用期間	令和4年4月1日から令和6年3月31日までの間に開始する各事業年度	令和6年4月1日から令和9年3月31日までの間に開始する各事業年度	令和7年4月1日から令和9年3月31日までの間に開始する各事業年度

（※）　資本金10億円以上、かつ、常時使用従業員数1,000人以上の大企業に係る「マルチステークホルダー方針」に係る要件（給与等の支給額の引上げの方針、取引先との適切な関係の構築の方針その他の事項をインターネットを利用する方法により公表したことを経済産業大臣に届け出ている場合を要件とすること）は法人税と同様です。

　　なお、令和6年度税制改正により、資本金10億円未満の法人であっても、常時使用する従業員の数が2,000人を超えるものにも「マルチステークホルダー方針」に係る要件が加えられます（新地法附則9⑬かっこ書き）。

【3】その他

　法人税の給与等支給額が増加した場合の税額控除制度の見直しと延長に伴い、その税額控除額は中小企業者等に係る法人住民税法人税割の課税標準（法人税額）の算定にも適用されます。

（掛川　雅仁）

9．戦略分野国内生産促進税制の創設

【1】制度の趣旨

　中長期的な経済成長のためには、生産性の向上や供給力の強化が求められていることから、真にわが国の供給力強化につながる分野については、集中的に国内投資を促していくことが重要だと考えられています。世界では、米国の IRA

法、CHIPS 法や欧州のグリーン・ディール産業計画をはじめ、戦略分野の国内投資を強力に推進する動きがみられます。そのため、GX、DX、経済安全保障という戦略分野において、総事業費が大きく、特に生産段階でのコストが高い物資を選定し、それらを対象として生産・販売量に比例して法人税額を控除する戦略分野国内生産促進税制が創設されました。

○戦略分野に該当する物資

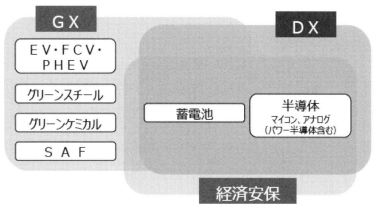

(出典：税務省「令和6年度税制改正（案）について」28頁)

○戦略分野国内生産促進税制のイメージ図

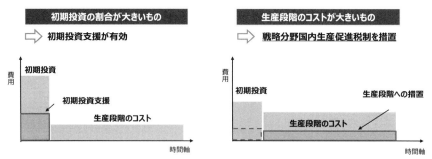

(出典：経済産業省「令和6年度（2024年度）経済産業関係 税制改正について」3頁)

【2】制度の内容

　産業競争力強化法の改正を前提に、青色申告書を提出する法人で同法の改正法の施行の日（注1）から令和9年3月31日までの間にされた産業競争力強化法の事業適応計画の認定（産競法21の22①）に係る同法の認定事業適応事業者（産競法21の35②）（注2）であるものが、その事業適応計画に記載された産業競争力基盤強化商品（産競法2⑭）の生産をするための設備の新設又は増設をする場合において、その新設又は増設に係る機械その他の減価償却資産（半導体においては「半導体生産用資産」、それ以外の産業競争力基盤強化商品においては「特定商品生産用資産」といいます。）の取得等をして、国内にある事業の用に供したときは、その認定の日以後10年以内（以下「対象期間」といいます。）の日を含む各事業年度において、税額控除ができることとなります（新措法42の12の7⑦・⑩）。

　各事業年度における税額控除額は、次のいずれか少ない金額（既に本制度の税額控除の対象となった金額を除きます。）となります。

　・その半導体生産用資産又は特定商品生産用資産により生産された産業競争力基盤強化商品のうち、その事業年度の対象期間において販売されたものの数量等に応じた金額

　・その半導体生産用資産又は特定商品生産用資産の取得価額を基礎とした金額（注3）

(注1)　産業競争力強化法は、前回の令和3年度改正では、令和3年8月2日に施行されました。国会審議が順調に進めば、今年度も夏頃に施行されると予想されます。

(注2)　その事業適応計画にその計画に従って行うエネルギー利用環境負荷低減事業適応のための措置として同法の産業競争力基盤強化商品の生産及び販売を行う旨の記載があるものに限ります。

(注3)　半導体生産用資産又は特定商品生産用資産の取得価額を基礎とした金額は、その半導体生産用資産又は特定商品生産用資産及びこれとともにその産業競争力基盤強化商品を生産するために直接又は間接に使用する減価償却資産に係る投資額の合計額として事業適応計画に記載された金額とされます。税額控除額に関する当該規定により、税額控除額の措置期間を通じた控除上限は、既設の建屋等を含む生産設備全体の額となります。既存の建屋も対象に含まれることから、本税制導入後の純粋な初期投資額とは紐づいたものではあり

ません。また、「帳簿価額」ではなく「取得価額」とされていることから、償却されていない取得時の価額から、控除上限を算定することが可能です。

　産業競争力基盤強化商品の対象物資は、電気自動車等、グリーンスチール、グリーンケミカル、SAF（持続可能な航空燃料）、半導体です。物資毎に設定された単価に応じて、法人税額が控除されることとなっています。当初、蓄電池を対象物資に含めるべきであるという議論もありましたが、電気自動車等を対象物資に含める措置が講じられたことで、電気自動車等に不可欠である蓄電池に係る投資も大きく促進されるという考えによって整理されています。

対象物資ごとの単位あたり控除額

物資		控除額	物資			控除額
電気自動車等	EV・FCV	40万円/台	半導体	マイコン	28-45nm相当	1.6万円/枚
	軽EV・PHEV	20万円/台			45-65nm相当	1.3万円/枚
グリーンスチール		2万円/トン			65-90nm相当	1.1万円/枚
グリーンケミカル		5万円/トン			90nm以上	7千円/枚
持続可能な航空燃料（SAF）		30円/リットル		アナログ半導体（パワー半導体含む）	パワー（Si）	6千円/枚
					パワー（SiC, GaN）	2.9万円/枚
					イメージセンサー	1.8万円/枚
					その他	4千円/枚

（注）競争力強化が見込まれる後半年度には、控除額を段階的に引き下げる。（生産開始時から8年目に75％、9年目に50％、10年目に25％に低減）半導体は、200mmウェハ換算での単位あたり控除額。

（出典：経済産業省「令和6年度（2024年度）経済産業関係 税制改正について」4頁）

　競争力強化が見込まれる後半年度においては、控除額が段階的に引き下げられます。生産開始時から8年目に75％、9年目に50％、10年目に25％に低減します。起算日は生産開始時であり、本制度の措置期間の起算日である事業適応計画の認定時よりも後ろ倒しされています。

　控除税額の上限は、デジタルトランスフォーメーション投資促進税制及びカーボンニュートラルに向けた投資促進税制による税額控除額との合計で、当期の法人税額の40％（半導体生産用資産では20％）です（新措法42の12の7⑦柱書き、⑩柱書き）。控除限度超過額は、4年間（半導体生産用資産は、3年間）の繰越しができます（新措法42の12の7⑨・⑫）。

　半導体に対する措置内容はGX関連の対象物資より劣るものとなっています。半導体は既存製品を置き換えるわけではない一方で、GX関連物資は既存製品を置き換える必要があります。その分、利益も出にくい構造であることか

ら、より手厚い支援が必要であると考えられています。

　本制度の利用に際して、次の①～③の要件の全てに該当する場合には、当該年度について本制度（繰越税額控除制度を除きます。）を適用することができません（新措法42の12の7⑱）。

　①　所得金額が前期の所得金額を超えること（同項柱書き）。

　②　継続雇用者給与等支給額の継続雇用者比較給与等支給額に対する増加割合が1％未満であること（同項一）。

　③　国内設備投資額が当期償却費総額の40％以下であること（同項二）。

　なお、半導体に係る控除税額を除き、本制度による控除税額は、地方法人税の課税標準となる法人税額から控除されません（新措法42の12の7㉒）。また、税額控除制度を法人住民税に適用しないこととする措置が講じられることとなります。

　GXに対する支援策としては、カーボンニュートラル投資促進税制も存在しています。令和6年度税制改正では、戦略分野国内生産促進税制による生産段階への支援が講じられ、初期投資には補助金の方が効果的であるとの整理がされています。そのため、カーボンニュートラル投資促進税制では、需要開拓商品生産設備の類型が廃止されることとなります。生産工程効率化等設備の類型は、革新的とまでは言えないもののGXに資すると考えられる脱炭素化を支援する必要性から存続させることとされます。

（瀧沢　颯）

10.　イノベーションボックス税制の創設

【1】制度創設の背景

　イノベーションボックス税制とは、所得全体から、知的財産（IP資産）から生じる所得のみを切り出し、優遇税率を適用することで、知的財産から生じる所得が次の研究開発の原資となることを期待する制度です。

　我が国には研究開発投資のインプットに着目した研究開発税制が既にありますが、研究開発を知財化し、その知財の社会実装により得られた収益、すなわちアウトプットに着目したイノベーションボックス税制は導入されていません。

　この点、2000年代から欧州ではイノベーションボックス税制の導入が始まり、近年、その考え方は中国・インド・シンガポールなどのアジア諸国にも広がりつつあります。

【図表1−11　イノベーション関連税制の国際比較】

導入国[1] () 内はイノベーションボックス税制が導入された時点	研究開発税制 控除率	イノベーションボックス税制				法人税率
		対象資産			税率	
		特許	ソフトウェア	その他		
フランス（2001）	5%	○	○	−	10%	25.0%
ベルギー（2007）	加速償却	○	○	−	3.75%	25.0%
オランダ（2007）	16%	○	○	○	9%	25.8%
中国（2008）	175%損金算入	○	−	−	15%	25.0%
スイス（2011）	150%損金算入	○	○	−	最大90%減税	14.87%
イギリス（2013）	13%	○	−	−	10%	25.0%
韓国[2]（2014）	2% or 増加分25%	○	−	○	7.5 or 18.75%	25.0%
イタリア（2015）	25%	○	○	−	13.91%	24.0%
アイルランド（2016）	25%	○	○	○	6.25%	12.5%
インド（2017）	100%加重控除	○	−	−	10%	25.17%
イスラエル（2017）	100%損金算入	○	−	−	6 or 12%	23%
シンガポール（2018）	200%損金算入	○	−	−	5 or 10%	17%
香港（2024目標）	200%損金算入	検討中				16.5%
オーストラリア（検討中）	18.5%	○	−	−	17%	30%

出典：Tax Foundation（2021）Patent Box Regimes in Europe、OECD 「Intellectual Property Regimes」、各国ホームページ等に基づき経済産業省作成

（出典：経済産業省「我が国の民間企業によるイノベーション投資の促進に関する研究会中間とりまとめ」11頁 図表1−11【イノベーション関連税制の国際比較】）

　また、我が国の主要企業における売上高に対する研究開発費比率は横ばいの状態で、イノベーションの成果を再投資につなげ、より積極的なイノベーション投資を行うといったイノベーション循環が十分に機能していないのではないかという懸念も生じています。

【図表１－３　各国別の主要 R&D 企業の傾向】

世界R&D2500社の変化

ランクイン企業数				RD/売上高(%)	
	2004	2020		2004	2020
US	398	321	US	11.3%	13.4%
China	3	194	China	3.8%	8.6%
Japan	198	135	Japan	5.1%	5.1%
Germany	59	62	Germany	5.4%	6.5%
UK	49	36	UK	8.9%	9.9%
France	42	35	France	6.2%	5.8%
SouthKorea	11	27	SouthKorea	3.1%	5.3%
Switzerland	28	24	Switzerland	8.3%	7.6%
Taiwan	20	24	Taiwan	4.1%	6.2%
Netherlands	12	20	Netherlands	6.5%	10.0%
Sweden	20	15	Sweden	4.8%	5.8%
Denmark	17	14	Denmark	6.6%	12.5%
Canada	14	11	Canada	10.2%	8.0%

※網掛けは2004年〜2020年で数値が上昇しているもの。

出典：EU Industrial R&D Investment Scoreboard(s)

(出典：経済産業省「我が国の民間企業によるイノベーション投資の促進に関する研究会中間とりまとめ」5頁 図表１－３【各国別の主要 R&D 企業の傾向】)

　そのため、経済産業省は「我が国の民間企業によるイノベーション投資の促進に関する研究会」を令和５年４月より開催し、令和５年７月に「我が国の民間企業によるイノベーション投資の促進に関する研究会中間とりまとめ」において、イノベーションボックス税制の設計について試案・論点を公表しました。そして、令和５年11月に政府は「デフレ完全脱却のための総合経済対策」の中で、イノベーションボックス税制について令和６年度税制改正で検討・結論を得ることとしていました。

　ところで、イノベーションボックス税制は、そのような税制がない国から税制がある国への知的財産（IP 資産）の不合理な移転を促す有害な優遇税制で

あると判断されることがあります。このため、平成27年9月にOECDは「BEPS行動計画最終報告書（行動計画5：透明性と実質を考慮したより効果的な有害税制への対抗）」で、「修正ネクサスアプローチ」を公表し、有害性の判断基準としました。このアプローチは、知的財産の開発活動に実際に携わり、かつ、その開発のための支出を負担した納税者に対し、優遇税制の恩典を与えるべきであるという考え方に基づいています。

　具体的には、優遇税制の適用を受ける特典対象所得が、次の計算式で計算される金額を超えない場合には、有害税制に当たらないと判断されることになります。

【図表2-5　ネクサスアプローチの詳細】

<ネクサスアプローチにおける計算式>

$$\frac{\text{(A) IP資産開発のための適格支出}}{\text{(B) IP資産開発のための支出総額}} \times \text{(C) IP資産から生じる全所得} = \text{制度対象所得}$$

（A）IP資産開発のための適格支出
● 適格納税者によって支出されたもの、かつIP資産に関係する以下のものが該当
① 納税者自身が国内で行った研究開発費
② 第三者への外注費
※知的財産の取得費と関係者に対する外注費については適格支出の30％まで対象とすることが可能

（B）IP資産開発のための支出総額
● 適格納税者によって支出されたもの、かつIP資産に関係する以下のものが該当
① 納税者自身が行った研究開発費
② 第三者への外注費
③ IP資産の取得費（ライセンスの支払料を含む）
④ 関係者への外注費（第三者に該当しない他者への外注費）

（C）IP資産から得られる全所得
● 適格納税者がIP資産から得た所得であって、以下のものが該当
① IP資産の使用料（ライセンス所得）
② IP資産のキャピタルゲイン、IP資産売却時に得られたその他の所得
③ IP資産を活用した製品の所得、IP資産に直接関連するプロセスの使用から組み込まれた所得

（出典：経済産業省「我が国の民間企業によるイノベーション投資の促進に関する研究会中間とりまとめ」21頁 図表2-5【ネクサスアプローチの詳細】）

　この計算式では、「IP資産開発のための適格支出」にIP資産の取得費（ライセンス料の支払いを含みます。）が含まれていないため、納税者以外の者によって行われる研究開発活動に対する資本的な支出によって、優遇措置を受けることができない仕組みとされています。

　また、計算式中の「IP資産から生じる全所得」に関しては、各国で対象となる所得の種類について、次のような差異がみられます。

【図表2-2　対象となる所得の種類の各国比較】

対象所得	フランス	イギリス	オランダ	アイルランド	スイス
ロイヤリティ/ライセンス料	○	○	○	○	○
IP譲渡所得	○	○	○		○
Embedded IPの所得		○	○	○	○
その他		権利侵害に係る保険/賠償金		権利侵害に係る保険/賠償金	

（出典：OECD Intellectual Property Regimes（https；//qdd.oecd.org/data/IP_Regimes）及び各国ホームページ等に基づき経済産業省作成）

（出典：経済産業省「我が国の民間企業によるイノベーション投資の促進に関する研究会中間とりまとめ」17頁　図表2-2【対象となる所得の種類の各国比較】）

　さらに、所得の種類だけでなく、所得の算定方法についても各国で相違がみられます。

　ロイヤリティ/ライセンス料やIP譲渡所得といった場合には、知的財産由来の収益を直接的に計算することは容易ですが、IP資産を活用した製品の所得やIP資産に直接関連するプロセスの使用から組み込まれた所得（Embedded IPによる所得）に関しては、知的財産由来の収益を直接的に計算することは複雑で困難なものになることが考えられます。そこで、間接方式として、納税者全体の課税所得に対して、どの程度が知的財財産由来と認められるかの比率（適格所得比率）を設定し、知的財産由来ではない所得を対象所得から排除する算定方法を採用している国もみられます。

（2）対象所得　⑤オランダのPeel off methodの考え方

- オランダのPeel off methodにおいては、EBIT（利払前・税引前利益額）に、「一定の割合」を掛けることで、**適格所得を納税者単位で算出**している。

- 研究開発以外の要素による利益は、**売上原価や売上高に一定の比率を設定**し、EBITから控除。さらに、**研究開発の貢献分の比率を設定**して研究開発に帰属する適格所得を計算している。

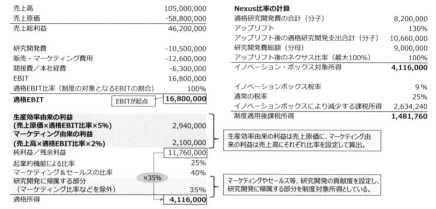

売上高	105,000,000
売上原価	-58,800,000
売上総利益	46,200,000
研究開発費	-10,500,000
販売・マーケティング費用	-12,600,000
間接費／本社経費	-6,300,000
EBIT	16,800,000
適格EBIT比率（制度の対象となるEBITの割合）	100%
適格EBIT 〔EBITが起点〕	**16,800,000**
生産効率由来の利益 **(売上原価×適格EBIT比率×5%)**	2,940,000
マーケティング由来の利益 **(売上高×適格EBIT比率×2%)**	2,100,000
純利益／残余利益	11,760,000
起業的機能による比率	25%
マーケティング＆セールスの比率	40%
研究開発に帰属する部分	×35%
（マーケティング比率などを除外）	35%
適格所得	**4,116,000**

Nexus比率の計算	
適格研究開発費の合計（分子）	8,200,000
アップリフト	130%
アップリフト後の適格研究開発支出合計（分子）	10,660,000
研究開発費総額（分母）	9,000,000
アップリフト後のネクサス比率（最大100%）	100%
イノベーション・ボックス対象所得	**4,116,000**
イノベーションボックス税率	9%
通常の税率	25%
イノベーションボックスにより減少する課税所得	2,634,240
制度適用後課税所得	**1,481,760**

生産効率由来の利益は売上原価に、マーケティング由来の利益は売上高にそれぞれ比率を設定して算出。

マーケティングやセールス等、研究開発の貢献度を設定し、研究開発に帰属する部分を制度対象所得としている。

オランダのイノベーションボックスにおけるPeel off methodの計算方法を参考に作成（数値は架空の想定値）

（出典：経済産業省「第4回我が国の民間企業によるイノベーション投資の促進に関する研究会事務局説明資料」12頁全体（（2）対象所得　⑤オランダのPeel off method の考え方）

【2】改正の内容

　創設されるイノベーションボックス税制は、OECDの修正ネクサスアプローチ（BEPS行動計画5）と整合性を確保した内容であり、この制度により、知的財産由来の所得については法人税率7％相当の税制優遇が行われることとなります（法人実効税率ベースでは29.74％から約20％までの引き下げとなります）。

　具体的には、青色申告書を提出する法人が、居住者若しくは内国法人（関連者（※1）であるものを除きます。）に対する特定特許権等（※2）の譲渡又は他の者（関連者（※1）であるものを除きます。）に対する特定特許権等（※2）の貸付け（※3）（以下「特許権譲渡等取引」といいます。）を行った場合に、次の金額のうちいずれか少ない金額の30％に相当する金額は、その事業年度において損金算入できることとされます（新措法59の3①）。

①　その事業年度において行った特許権譲渡等取引ごとに、次のイ×（ハ÷ロ）の金額の合計額（※6）

　イ　その特許権譲渡等取引に係る所得の金額

　ロ　当期及び前期以前（令和7年4月1日以後に開始する事業年度に限ります。）において生じた研究開発費の額（※4）のうち、その特許権譲渡等取引に係る特定特許権等に直接関連する研究開発に係る金額の合計額

　ハ　上記ロの金額に含まれる適格研究開発費の額（※5）の合計額

②　当期の所得の金額

（※1）　「関連者」は、移転価格税制における関連者と同様の基準により判定します。

（※2）　「特定特許権等」とは、令和6年4月1日以後に取得又は製作をした特許権及び人工知能関連技術を活用したプログラムの著作権で、一定のものをいいます。

（※3）　特定特許権等の貸付けには、特定特許権等に係る権利の設定その他他の者に特定特許権等を使用させる行為を含みます。

（※4）　「研究開発費の額」とは、研究開発費等に係る会計基準における研究開発費の額に一定の調整を加えた金額をいいます。

（※5）　「適格研究開発費の額」とは、研究開発費の額のうち、特定特許権等の取得費及び支払ライセンス料、国外関連者に対する委託試験研究費並びに国外事業所等を通じて行う事業に係る研究開発費の額以外のものをいいます。

（※6）　令和9年4月1日前に開始する事業年度において、当期において行った特許権譲渡等取引に係る特定特許権等のうちに令和7年4月1日以後最初に開始する事業年度開始の日前に開始した研究開発に直接関連するものがある場合には、上記①の金額は、次の①×（③÷②）の金額とされます。

　　①　当期において行った特許権譲渡等取引に係る所得の金額の合計額

　　②　当期、前期及び前々期において生じた研究開発費の額の合計額

　　③　上記②の金額に含まれる適格研究開発費の額の合計額

　なお、本制度の適用において、法人が関連者に対して支払う特定特許権等の取得費又はライセンス料が独立企業間価格に満たない場合には、独立企業間価格によることとし（新措法59の3④）、国内の関連者に対してこれらの費用を支払う場合には、所要の書類を作成し、税務当局からの求めがあった場合には遅滞なく提示し、又は提出しなければなりません（新措法59の3⑦）。また、更正期限を延長する特例、同業者に対する質問検査権、書類の提示又は提出がない場合の推定課税その他所要の措置が講じられます。

（1－2）イノベーション拠点税制（イノベーションボックス税制）の創設　　　新設

（法人税・法人住民税・事業税）

● イノベーションの国際競争が激化する中、**研究開発拠点としての立地競争力を強化し、民間による無形資産投資を後押し**することを目的として、**特許やソフトウェア等の知財から生じる所得に減税措置を適用するイノベーション拠点税制（イノベーションボックス税制）を創設する。**
● 2000年代から**欧州各国で導入**が始まり、直近では**シンガポールやインド、香港といったアジア諸国でも導入・検討**が進展。

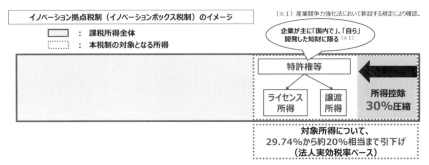

（出典：経済産業省「令和6年度（2024年度）経済産業関係 税制改正について」6頁）

（参考）イノベーション拠点税制（イノベーションボックス税制）の制度案
□ **措置期間：7年間（令和7年4月1日施行）**
□ **所得控除率：30%**
□ **所得控除額算定式**

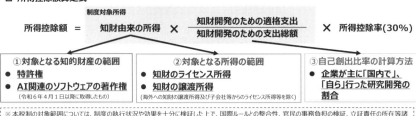

（出典：経済産業省「令和6年度（2024年度）経済産業関係 税制改正について」7頁）

【3】適用関係

　この特例は、令和7年4月1日から令和14年3月31日までの間に開始する各事業年度において適用されます。

　なお、「イノベーションボックス税制の対象範囲については、制度の執行状況や効果を十分に検証した上で、国際ルールとの整合性、官民の事務負担の検証、立証責任の所在等諸外国との違いや体制面を含めた税務当局の執行可能性

等の観点から、財源確保の状況も踏まえ、必要に応じ、見直しを検討する。」（与党令和6年度税制改正大綱8頁）とされていますので、その後の改正動向に注目していく必要があります。

（中尾　健）

11.　暗号資産の期末時価評価課税に係る見直し

【1】改正前の暗号資産の取扱い

⑴　資金決済に関する法律

　令和5年11月29日に施行された改正資金決済に関する法律において、暗号資産は、次のように定義されています。

第二条

14　この法律において「暗号資産」とは、次に掲げるものをいう。ただし、金融商品取引法第二十九条の二第一項第八号に規定する権利を表示するものを除く。

一　物品等を購入し、若しくは借り受け、又は役務の提供を受ける場合に、これらの代価の弁済のために不特定の者に対して使用することができ、かつ、不特定の者を相手方として購入及び売却を行うことができる財産的価値（電子機器その他の物に電子的方法により記録されているものに限り、本邦通貨及び外国通貨、通貨建資産並びに電子決済手段（通貨建資産に該当するものを除く。）を除く。次号において同じ。）であって、電子情報処理組織を用いて移転することができるもの

二　不特定の者を相手方として前号に掲げるものと相互に交換を行うことができる財産的価値であって、電子情報処理組織を用いて移転することができるもの

　1号の暗号資産には、BTC（ビットコイン）やETH（イーサリアム）、ステーブルコイン等の仮想通貨、すなわち市場取引があり、最終的に法定通貨に交換可能なもの（ペイメントトークン）が該当します。

　2号の暗号資産には、1号暗号資産（仮想通貨）と交換できるトークンが該当します。

　トークンとは、電子的な証票で、既存のブロックチェーン技術で発行されたものを意味します。このうち、非代替性のものがNFT（Non-Fungible Token）で、NFTの対になる概念がFT（Fungible Token）＝代替性トークンであり、仮想通貨は代替性トークン（FT）といえます。

116

　したがって、「暗号資産」に該当しないトークンがある、ということになります。

　「NFTはBTC（ビットコイン）等の１号暗号資産と相互交換できるため、２号暗号資産の定義に形式的にあたる可能性があります。しかし、同一のものが他にないことが誰の目からも明らかなNFTについては、１号暗号資産のような決済手段等の経済的機能を有していないために２号暗号資産にも該当しないという見解が一般的」（令和４年３月自民党「NFTホワイトペーパー」）といえます。

(2)　平成29年度税制改正（消費税法）

　資金決済法において仮想通貨が支払いの手段として位置づけられたことや、EU等では仮想通貨の譲渡は非課税とされていること等を踏まえ、仮想通貨の譲渡については消費税を非課税とする消費税法施行令の改正が行われました。

　具体的には、消費税が非課税とされる支払手段に類するものの範囲に、資金決済法第２条第14項に規定する仮想通貨が追加されました（消令９④）。また、仮想通貨の譲渡については、その性格に鑑み、法定通貨等の支払手段と同様に、課税売上割合の計算に含めないこととされました（消令48②一）。

(3)　令和元年度税制改正（法人税法）

　活発な市場が存在する仮想通貨については、一般的に、売買・換金について事業上の制約がない、すなわち、市場が存在するため売却・換金することが容易な資産であり、保有し続けなければ事業を継続できないような資産でないことに鑑みれば、時価法を適用してその評価益又は評価損を所得に反映させるのが実態に合った処理であると考えられること、また、時価法を適用しなければ課税所得が多額となると見込まれる事業年度に含み損のある仮想通貨だけを譲渡するといった租税回避行為が想定されることから、企業会計において時価法が導入されたことを踏まえ、法人税法においても、令和元年度税制改正において、活発な市場が存在する仮想通貨について時価法を適用することとされました（法法61②）。

　その後、仮想通貨が暗号資産に名称変更されたことに伴い、法人税法上の用語も暗号資産に変更されています。

(4)　令和５年度税制改正（法人税法）

　自己が発行し、かつ、その発行の時から継続して自己が有する暗号資産について、その発行の時から継続して譲渡についての制限が付されている一定の要件に該当するものは、期末時価評価の対象外とされ（法法61②～④）、自己が発行した暗号資産の取得価額が、発行のために要した費用の額とされました（法令118の5 二）。

　また、法人が暗号資産交換業を行う者以外の者から信用の供与を受けて行う暗号資産の売買が、新たに暗号資産信用売買に該当することとされ、その信用取引をした日の属する事業年度終了の時までに決済されていないものがあるときは、その時においてその決済をしたものとみなして計算した損益相当額を計上することとされました（法法61⑧）。

⑸　国税庁「暗号資産に関する税務上の取扱いについて（FAQ）」

　国税庁からは、平成30年11月「仮想通貨に関する税務上の取扱いについて（FAQ）」が公表され、その後、資金決済法の改正等を受けて、「暗号資産に関する税務上の取扱いについて（FAQ）」に改定後、数次の改定が行われています。直近では令和5年12月に改定が行われており、主な内容は次のとおりです。なお、令和4年10月、雑所得の範囲について明確化を図る趣旨で通達改正が行われ、暗号資産の譲渡から生じる所得は原則「その他雑所得」に該当するとしたことも盛り込まれています。

　このFAQにおいて「暗号資産」とは、資金決済に関する法律第2条第14項に規定する暗号資産をいいます。

（所得税・法人税共通事項）

NO	表題	内容
1－1	暗号資産を売却した場合	暗号資産の譲渡価額とその暗号資産の譲渡原価等との差額が所得となる。 「売却時の価額」－「取得時の1単位当たりの価額」×「売却した数量」＝所得金額
1－2	暗号資産での商品の購入	保有する暗号資産を譲渡したことになり、その暗号資産の譲渡価額とその暗号資産の取得価額との差額が所得となる。 「商品やサービスの価額」－「取得時の1単位当たりの価額」×「売却した数量」＝所得金額

1 － 3	暗号資産同士の交換	保有する暗号資産Ａを他の暗号資産Ｂを交換した場合、暗号資産Ａで暗号資産Ｂを購入したことになり、暗号資産Ａの譲渡に係る所得金額を計算する必要がある。 「購入した暗号資産Ｂの取得時の価額」－「売却した暗号資産Ａの取得時の価額」＝所得金額
1 － 4	暗号資産の取得価額	暗号資産の取得価額は、その取得の方法により定められており、例えば、対価を支払って取得した場合には、購入時に支払った対価の額とされており、購入手数料などを含む金額となる。
1 － 5	暗号資産の分裂による暗号資産の取得	暗号資産の分裂（分岐）により新たに誕生した暗号資産を取得した場合、その時点では課税対象となる所得は生じず、その新たな暗号資産の取得価額は０円となる。
1 － 6	マイニング等による暗号資産の取得	マイニング等により、取得した暗号資産の取得時点の価額（時価）について、所得税の総収入金額又は法人税の益金の額に算入される。

（所得税）

NO	表題	内容
2 － 2	暗号資産取引の所得区分	暗号資産取引により生じた利益は、所得税の課税対象になり、原則として、雑所得（その他雑所得）に区分される。ただし、その年の暗号資産取引に係る収入金額が300万円を超える場合には、次の所得に区分される。 暗号資産取引に係る帳簿書類の保存がある…原則として、事業所得 暗号資産取引に係る帳簿書類の保存がない…原則として、雑所得（業務に係る雑所得）
2 － 4	暗号資産の譲渡原価	総平均法又は移動平均法の選択。事前の届出がない場合、総平均法。
2 － 7	暗号資産の取得価額や売却価額がわからない場合	国内の暗号資産交換業者を通じた平成30年１月１日以後の暗号資産取引については、国税庁から暗号資産交換業者に対して、「年間取引報告

NO	表題	内容
		書」の交付を依頼している。
2 −11	暗号資産取引で損失が生じた場合の取扱い	雑所得の計算上生じた損失については、給与所得などほかの所得から差し引く（通算する）ことはできない。
2 −12	暗号資産の証拠金取引	外国為替証拠金取引（いわゆる FX）は申告分離課税の対象となるが、暗号資産の証拠金取引は総合課税の対象。

（法人税）

NO	表題	内容
3 − 1 − 2	暗号資産の譲渡原価	移動平均法又は総平均法の選択。事前の届出がない場合、移動平均法。
3 − 1 − 3	暗号資産の期末時価評価	法人が事業年度終了の時において有する暗号資産（活発な市場が存在する暗号資産に限り、特定自己発行暗号資産を除く。）については、時価法により評価した金額をもってその時における評価額とする必要がある。（洗替処理） ⇒令和 6 年度改正事項
3 − 1 − 7	貸付けをした暗号資産の期末時価評価	貸付けをした暗号資産も、期末時価評価の対象となる。
3 − 1 − 8	借入れをした暗号資産の期末時価評価	借入れをした暗号資産は、期末時価評価の対象とならない。
3 − 1 −13	暗号資産信用取引に係るみなし決済損益額	法人が暗号資産信用取引を行った場合で、事業年度終了の時において決済されていないものがあるときは、事業年度終了の時に決済したものとして算出した利益又は損失の額に相当する金額をその事業年度の益金の額又は損金の額に算入する。（洗替処理）

（相続税・贈与税）

NO	表題	内容
4 − 1	相続又は贈与による暗号資産の取得	被相続人等から暗号資産を相続若しくは遺贈又は贈与により取得した場合には、相続税又は贈与税が課税される。

| 4－2 | 相続や贈与により取得した暗号資産の評価方法 | 活発な市場が存在する暗号資産については、相続人等の納税義務者が取引を行っている暗号資産交換業者が公表する課税時期における取引価格により評価し、それ以外の暗号資産については、その暗号資産の内容や性質、取引実態等を勘案し個別に評価する。 |

（源泉所得税）

NO	表題	内容
5－1	暗号資産による給与等の支払	労働協約で別段の定めを設けて給与等の一部を暗号資産で支給することは可能。 支給時の価額で評価。

（消費税）

NO	表題	内容
6－1	暗号資産を譲渡した場合の消費税	国内の暗号資産交換業者を通じた暗号資産の譲渡は、支払手段等の譲渡に該当し、消費税は非課税。

（出典：国税庁「暗号資産等に関する税務上の取扱いについて（FAQ）」令和5年12月最終改訂）

(6)　国税庁「NFT や FT を用いた取引を行った場合の課税関係」（所得税）

　　令和4年4月、国税庁はタックスアンサー「NFT や FT を用いた取引を行った場合の課税関係」（所得税）を公表しました。

①　いわゆる NFT（非代替性トークン）や FT（代替性トークン）が、暗号資産などの財産的価値を有する資産と交換できるものである場合、その NFT や FT を用いた取引については、所得税の課税対象となります。

　　財産的価値を有する資産と交換できない NFT や FT を用いた取引については、所得税の課税対象となりません。

②　所得税の課税対象となる場合の所得区分は、概ね次のとおりです。

　・役務提供などにより、NFT や FT を取得した場合…事業所得、給与所得または雑所得に区分されます。

　・臨時・偶発的に NFT や FT を取得した場合…一時所得に区分されます。

・上記以外の場合は、雑所得に区分されます。

③　NFT や FT を譲渡した場合

・譲渡した NFT や FT が、譲渡所得の基因となる資産に該当する場合（その所得が譲渡した NFT や FT の値上がり益（キャピタル・ゲイン）と認められる場合）は、譲渡所得に区分されます。

（注）　NFT や FT の譲渡が、営利を目的として継続的に行われている場合は、譲渡所得ではなく、雑所得又は事業所得に区分されます。

・譲渡した NFT や FT が、譲渡所得の基因となる資産に該当しない場合は、雑所得（規模等によっては事業所得）に区分されます。

このタックスアンサーは、NFT（非代替性トークン）や FT（代替性トークン）の定義づけがされておらず、また、NFT や FT を譲渡した場合の所得区分が判然としていない点が問題といえます。

⑺　国税庁「NFT に関する税務上の取扱いについて（FAQ）」

令和 5 年 1 月、国税庁は「NFT に関する税務上の取扱いについて」を公表しました。ここでは、「NFT とは、ブロックチェーン上で、デジタルデータに唯一の性質を付与して真贋性を担保する機能や、取引履歴を追跡できる機能をもつトークン」としています。主な内容は次のとおりです。

問	表題	内容
問 1	NFT を組成して第三者に譲渡した場合（一次流通）	デジタルアートを制作し、そのデジタルアートを紐づけた NFT を譲渡したことにより得た利益は、所得税の課税対象となり、雑所得（又は事業所得）に区分される。
問 4	購入した NFT を第三者に転売した場合	デジタルアートを紐づけた NFT を転売したことにより得た利益は、所得税の課税対象となり、譲渡所得に区分される。 譲渡所得の金額は、次の算式で計算される。 譲渡所得の金額＝NFT の転売収入－NFT の取得費－NFT の譲渡費用－特別控除額（50万円）
問 8	ブロックチェーンゲームの報酬としてゲーム内通貨を取得	ブロックチェーンゲームで得た報酬は、所得税の課税対象となり、雑所得に区分される。 雑所得の金額は、次の算式で計算される。

した場合	雑所得の金額＝ブロックチェーンゲームの収入金額－ブロックチェーンゲームの必要経費
	なお、ブロックチェーンゲームにおいては、ゲーム内通貨（トークン）の取得や使用が頻繁に行われ、取引の都度の評価は、煩雑と考えられることから、ゲーム内通貨（トークン）ベースで所得金額を計算し、年末に一括で評価する方法（簡便法）で雑所得の金額を計算して差し支えない。

（出典：国税庁「NFTに関する税務上の取扱いについて（FAQ）」）

【2】改正の内容

令和6年度税制改正において、発行者以外の第三者の継続的な保有に係る暗号資産について、譲渡制限等の一定の要件を満たすものは、期末時価評価課税の対象外とされます。

（出典：経済産業省「令和5年度税制改正について」）

期末時価評価課税は、実現利益を受領していない中で継続して保有される暗号資産についても課税がされるものであり、国内においてブロックチェーン技術を活用した事業開発や起業を阻害するものと指摘されていました。

そこで、Web3推進に向けた環境整備を図る観点から、法人が有する市場暗号資産に該当する暗号資産で譲渡についての制限その他の条件が付されている暗号資産は、期末時価評価課税の対象外とされます。

具体的には、法人が有する市場暗号資産に該当する暗号資産で譲渡についての制限その他の条件が付されている暗号資産の期末における評価額は、原価法又は時価法のいずれかの評価方法のうちその法人が選定した評価方法（自己の

発行する暗号資産でその発行の時から継続して保有するものにあっては、原価法）により計算した金額とするほか、所要の措置を講ずるものとされます。

　譲渡についての制限その他の条件が付されている暗号資産とは、次の要件に該当する暗号資産とされます。

　①　他の者に移転できないようにする技術的措置がとられていること等その暗号資産の譲渡についての一定の制限が付されていること。

　②　上記①の制限が付されていることを認定資金決済事業者協会において公表させるため、その暗号資産を有する者等が上記①の制限が付されている旨の暗号資産交換業者に対する通知等をしていること。

　他の者に移転できないようにする技術的措置については、令和5年度税制改正における自己発行暗号資産の規定では、暗号資産を他の者に移転することが出来ないようにする技術的措置であり、次の要件のいずれにも該当するものとされています（法規26の10）。

　①　移転することができない期間が定められていること。

　②　その技術的措置が、その暗号資産を発行した内国法人等の役員等のみによって解除をすることができないものであること。

　また、評価方法は、譲渡についての制限その他の条件が付されている暗号資産の種類ごとに選定し、その暗号資産を取得した日の属する事業年度に係る確定申告書の提出期限までに納税地の所轄税務署長に届け出なければならないこととするものとされています。

　なお、評価方法を選定しなかった場合には、原価法により計算した金額をその暗号資産の期末における評価額とするものとされています。

（阿部　隆也）

12.　オープンイノベーション促進税制の延長

【1】制度の概要

　青色申告書を提出する法人で新事業開拓事業者と共同して特定事業活動を行うもの（以下「対象法人」といいます。）が、令和2年4月1日から令和6年3月31日までの期間内の日を含む各事業年度において特定株式を取得し、かつ、これをその取得の日を含む事業年度終了の日まで引き続き有している場合にお

いて、その特定株式の取得価額の25％以下の金額をその対象事業年度の確定した決算において特別勘定により経理したときは、その経理した金額について所得基準額（上限125億円）を限度として損金の額に算入することができます（措法66の13①）。

本制度は、対象法人の特定事業活動等の実施状況について経済産業大臣の証明に係る書類を確定申告書等に添付することが適用の要件とされています（措法66の13⑱、措規22の13⑫）。

この特別勘定の金額は、特定株式の譲渡その他の一定の取崩し事由に該当することとなった場合は、その事由に応じた金額を取り崩し、益金の額に算入します。

ただし、その特定株式が増資に伴う払込みにより取得の日から5年（令和4年4月1日以後に増資に伴う払込みにより取得をした特定株式にあっては3年）を経過したものであることについて共同化継続証明書に記載されることにより証明されたものである場合には、取崩し事由に該当することなどによりその特別勘定の金額を取り崩したとしても、益金の額に算入する必要はありません。

【2】特定株式の要件

特定株式とは、産業競争力強化法に規定する新事業開拓事業者のうち同法（産競法2㉗、旧2㉕）に規定する特定事業活動に資する事業を行う内国法人（売上高に占める研究開発費の額の割合が10％以上の赤字会社にあっては、設立の日以後の期間が15年未満のものに限ります。）又はこれに類する外国法人（以下「特別新事業開拓事業者」といいます。）の株式のうち、次の全ての要件を満たすことにつき経済産業大臣の証明に係る書類に記載された特別新事業開拓事業者の株式をいいます。なお、購入により取得するものは、内国法人のものに限ります。

(1) 増資に伴う払込みにより交付されるものであること（既に総株主の議決権の過半数を有している法人に対する増資は除かれます。）又はその購入により総株主の議決権の過半数を有することとなるものであること。

(2) その払込金額が1億円以上（対象法人が中小企業者にあっては1,000万円以上とし、購入による場合又は外国法人への払込みにあっては5億円以上と

されます。）であること。ただし、この払込金額には、次の【3】の上限が
設けられています。

⑶　その株式保有が増資に伴う払込みによる取得の日から3年を超える期間継
続すること、またはその購入による取得の日から5年を超える期間継続する
ことが見込まれること。

⑷　対象法人が特別新事業開拓事業者の株式の取得等をする一定の事業活動を
行う場合であって、その特別新事業開拓事業者の経営資源が、その一定の事
業活動における高い生産性が見込まれる事業を行うこと又は新たな事業の開
拓を行うことに資するものであることその他の基準を満たすこと。

【3】取得価額の上限

取得価額の1件当たりの上限は、増資に伴う払込みによる場合は50億円（令
和5年3月31日以前に増資に伴う払込みをしたものにあっては100億円）であ
り、購入による場合は200億円となります。

【4】特別勘定の取崩し事由と取崩額

次に掲げる場合には、その掲げる金額の特別勘定を取り崩し、益金の額に算
入します。

⑴　特定株式につき、経済産業大臣の証明が取り消された場合………全額

⑵　特定株式の取得の日から起算して5年を経過した場合（その特定株式を発
行した法人の事業の成長発展が図られたことが明らかにされた場合等に該当
する場合は除く。）………その5年経過特別勘定の金額

⑶　特定株式の全部又は一部を有しなくなった場合（特別勘定を設けている法
人を合併法人とする合併によりその特定株式（増資特定株式に限る。）を発
行した法人が解散した場合を除く。）………その有しなくなった日における
その特定株式に係る特別勘定の金額のうち、その有しなくなった株式に係る
部分の割合として一定方法で計算した金額（特定株式の全部を有しなくなっ
た場合には、その有しなくなった日におけるその特定株式に係る特別勘定の
金額）

⑷　特定株式を組合財産とする投資事業有限責任組合等の出資額割合の変更が
あつた場合（その取得の日から5年以内にその特定株式を発行した法人の事
業の成長発展が図られたことが明らかにされた場合等に該当する場合は除き

ます。）………その変更があつた日におけるその特定株式に係る特別勘定の
金額

⑸　特定株式を発行した法人が解散した場合（特別勘定を設けている法人を合
併法人とする合併によりその特定株式（増資特定株式に限ります。）を発行
した法人が解散した場合を除きます。）………その解散の日におけるその特
定株式に係る特別勘定の金額

⑹　特定株式につき剰余金の配当を受けた場合………その受けた日におけるそ
の特定株式に係る特別勘定の金額のうち、その剰余金の配当として交付され
た金銭の額及び金銭以外の資産の価額の合計額のうちその剰余金の配当によ
り減少した資本剰余金の額に係るものその他の金額として一定の金額（その
特定株式を発行した法人の事業の成長発展が図られたことが明らかにされた
場合は、その合計額）に25％を乗じて計算した金額に相当する金額

⑺　特定株式についてその帳簿価額を減額した場合………その減額した日にお
けるその特定株式に係る特別勘定の金額のうち、その減額をした金額で同日
を含む事業年度の所得の金額の計算上損金の額に算入された金額に係るもの
として一定の方法で計算した金額

⑻　その特別勘定を設けている法人が解散した場合（合併により解散した場合
を除きます。）………その解散の日における特別勘定の金額

⑼　その特別勘定を設けている法人が特定株式（増資特定株式を除きます。）
を発行した法人の総株主の議決権の過半数を有しなくなった場合………その
有しなくなった日におけるその特定株式に係る特別勘定の金額

⑽　特別勘定の金額を任意に取り崩した場合（その特別勘定を設けている法人
を合併法人とする合併によりその特定株式（増資特定株式に限ります。）を
発行した法人が解散した場合を除きます。）………その取り崩した金額に相
当する金額

【5】適用期限延長

　この規定は、令和6年3月31日までの期期間内の日を含む各事業年度におい
て適用するものとされていますが、令和6年度税制改正により、2年間、適用
期限が延長がされて、令和8年3月31日までの期期間内の日を含む各事業年度
において適用するものとされます（新措法66の13①）。

	MA 促進税制の比較	
経済産業省	中小企業経営資源集約化税制	オープンイノベーション促進税制（M&A 型）
特徴	中堅（従業員数2000人以下）・中小企業の MA の活性化	スタートアップ（設立10年未満等）企業の上場以外の出口としての MA
財務省	中小企業事業再編投資損失準備金（措法56）	特別新規事業開拓者出資等所得控除（措法66の13）
買い手	中小・中堅企業産業競争力強化法認定特別事業再編事業者	株式会社等青色申告法人（買収前後に経済産業大臣証明書交付申請）
買い手条件	基本合意書作成以後の認定申請可	買収前後事前相談から期末までのに大臣証明書交付申請
売りて	中堅企業以下全企業	スタートアップ（設立10年未満等）企業
１件当たり買収価額上限	100億円以下	200億円以下
１件当たり買収価額下限	１億円以上	５億円以上
税制処理	１件目70%、２件目90%、３件目以上100%の準備金（中堅企業は２回目以降適用）	25%を所得控除（特別勘定計上）
取崩し	据置期間10年後５年間均等額益金参入	一部譲渡等や成長要件未達の場合のみ益金参入
適用期限	令和９年３月31日までの MA	令和８年３月31日までの MA
備考	１企業が行う複数回の MA の推奨	この出口に対応して適格ストックオプション税制において譲渡制限株式は自社株式管理が可能

（大塚　直子）

13. 交際費等損金不算入制度の改正

【1】改正前の制度の概要

　法人が支出する交際費等は、原則として、その全額を損金の額に算入しないこととされています。ただし、交際費等のうち飲食その他これらに類する行為（以下「飲食等」といいます。）のために要する費用（専らその法人の役員若しくは従業員又はこれらの親族に対する接待等のために支出するものを除きます。以下「飲食費」といいます。）であって、その支出する金額を飲食等に参加した者の数で割って計算した金額が5,000円以下である費用（以下「少額飲食費」といいます。）は交際費等から除かれます（措法61の4⑥）。なお、この規定は飲食等のあった年月日、参加した得意先等の氏名又は名称及び人数等の一定の事項を記載した書類を保存している場合に限り適用されます（措規21の18の4）。

　また、接待飲食費（注1）に係る損金算入の特例として、その事業年度終了の日における資本金の額又は出資金の額が100億円以下である法人の支出する交際費等の額のうち接待飲食費の額の50％相当額を超える部分の金額を、その損金の額に算入しないこととされています（措法61の4①）。

　さらに、中小法人（注2）については、中小法人に係る損金算入の特例として、接待飲食費に係る損金算入の特例に代えて、定額控除限度額（年800万円）を超える交際費等の額を、その損金の額に算入しないことができるとされています（措法61の4②）。

（注1）　接待飲食費とは、少額飲食費以外の飲食費をいいます。

（注2）　中小法人とは、法人のうちその事業年度終了の日における資本金の額又は出資金の額が1億円以下であるものをいい、資本金の額又は出資金の額が5億円以上の法人の100％子法人等を除きます。

【2】改正の背景

　今回の改正の背景については、「令和6年度税制改正大綱」の「第一　令和6年度税制改正の基本的考え方」において、「地方活性化の中心的役割を担う中小企業の経済活動の活性化や、「安いニッポン」の指摘に象徴される飲食料費に係るデフレマインドを払拭する観点から、交際費課税の見直しを行うこととする。」（「令和6年度税制改正大綱」P18）と説明されています。

【3】改正の内容

　交際費等から除かれる少額飲食費に係る金額基準を１人当たり１万円以下（改正前：5,000円以下）に引き上げられます。また、接待飲食費に係る損金算入の特例及び中小法人に係る損金算入の特例（定額控除限度額）の適用期限を３年延長されます。

	改正前	改正後
適用期限	令和６年３月31日開始事業年度まで	令和９年３月31日開始事業年度まで
交際費等から除かれる飲食費等	一人当たり5,000円以下	一人当たり１万円以下

【4】適用関係

　交際費等から除かれる一人当たり１万円以下の飲食費等の取扱いについては、令和６年４月１日以後に支出する飲食費等から適用されます。

　したがって、３月決算以外の法人の令和６年４月１日の属する事業年度においては、１）同年３月までの5,000円基準と、２）同年４月以降の１万円基準が混在するので注意が必要です。

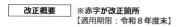

改正概要　※赤字が改正箇所
【適用期限：令和８年度末】

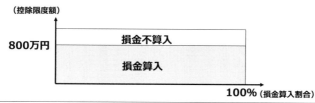

（控除限度額）

800万円

損金不算入

損金算入

100%（損金算入割合）

> ※交際費等：交際費、接待費、機密費、その他の費用で法人がその得意先、仕入先その他事業に関係ある者等に対する接待、供応、慰安、贈答その他これらに類する行為のために支出するもの（１人あたり5,000円超の飲食費含む）。
> １人当たり5,000円以下の飲食費は、交際費等の範囲から除外されているが、これを**１万円に引上げ**。

（出典：経済産業省「令和６年度（2024年度）経済産業関係　税制改正について」20頁）

（岸本　政昭）

14. 倒産防止共済の再加入の廃止

【1】倒産防止共済の概要

中小企業倒産防止共済制度（経営セーフティ共済）は、取引先事業者の倒産に伴い経営が悪化した際に、掛金の10倍まで借入れできる制度であり、掛金は申告書に明細を添付することを前提に、損金又は必要経費に算入することができます（措法28、66の11）。

また、共済契約を解約することも可能であり、解約の際は解約手当金を受け取ることができます。

自己都合の解約であっても、掛金を12か月以上納めていれば掛金総額の8割以上が戻り、40か月以上納めていれば、掛金が全額返金されます（12か月未満は掛け捨てとなります。）。

掛金月額は、最大800万円までで、月額5千円〜20万円の間で契約者が自由に選ぶことができ、増額や減額もすることができます。

前納制度もあり、前納期間が1年以内なら、支払時の損金又は必要経費に算入することができます。

つまり、最大で20万円×12カ月＝240万円を支払時に損金又は必要経費に算入することができ、節税対策として利用されています。

【2】解約時の課税関係

倒産防止共済の掛金は、支払時に損金又は必要経費になるため、掛金が資産に計上されることはありません。

このため、解約返戻額は、その全額が益金又は収入金額に加算されます。

さらに、解約直後に倒産防止共済に再加入することが可能であり、益金又は収入金額に計上する金額が多い場合は、再加入して掛金を前納することも可能でした（措通28−3、66の11−3）。

【解約金額の調整事例】

解約返戻金800万円−前納掛金20万円×12カ月＝益金等計上額560万円

【3】改正の概要

倒産防止共済契約の解除があった後、共済契約を締結した場合には、その解除の日から2年を経過する日までに支出した掛金は、損金又は必要費用に算入することができないこととする改正が行われます（新措法28②、66の11②）。

　解約後、再加入することは禁止されていないため、再加入して支払った掛金は積立処理することとなり、法人の場合は『特定の基金に対する負担金等の損金算入に関する明細書（別表10⑺）』、個人の場合は『特定の基金に対する負担金等の必要経費算入に関する明細書』を申告書に添付することになるものと思われます。

【4】改正時期

　上記【3】の改正は、令和6年10月1日以後の共済契約の解除について適用されます。

（佐々木　克典）

15.　外形標準課税の減資への対応等

【1】改正の概要

　近時の外形標準課税の対象法人数減少を踏まえて、①大企業の減資や②100％子法人等への対応として、次の⑴及び⑵の見直しが行われます。

⑴　減資への対応

①　従来の資本金1億円超基準の維持

　外形標準課税の対象法人について、従来の資本金1億円超基準を維持します。したがって、外形標準課税の対象外である資本金1億円以下の中小法人やスタートアップに課税対象が拡大されるわけではなく、これらは、引き続き対象外となります。

②　資本金及び資本剰余金合計額10億円超法人の減資による課税逃れへの対応

　ただし、その事業年度の前事業年度（改正法の公布日の前日に資本金が1億円以下となっていた場合には、公布日以後最初に終了する事業年度）に外形標準課税の対象であった法人が資本金1億円以下になった場合において、資本金と資本剰余金の合計額が10億円を超えるときは、減資による課税逃れへの対応として、外形標準課税の対象とされます（新地法附則8の3の3、令6改正法附則7）。

③　施行期日

　上記②の改正は、令和7年（2025年）4月1日以後に開始する事業年度から適用されます（令6改正法附則1三）。

⑵　資本金及び資本剰余金合計額50億円超法人の100％子法人への対応

①　原則

　資本金と資本剰余金の合計額が50億円を超える法人等（その法人が非課税又は所得割のみで課税される法人等である場合を除きます。）の100％子法人等は、その資本金が１億円以下であっても、資本金と資本剰余金の合計額（公布日以後に、当該100％子法人等がその100％親法人等に対して資本剰余金から配当を行った場合においては、当該配当に相当する額を加算した金額）が２億円を超えるものは、対象とされます（新地法72の２①一ロ）。

②　中堅企業等のM&Aへの配慮措置の概要

　ただし、産業競争力強化法の改正を前提に、同法による認定を受けた事業者がM&Aを通じて買収した100％子法人等については、５年間、外形標準課税の対象外とされます（新地法附則８の３の４）。

③　激変緩和措置

　なお、新たに外形標準課税の対象となる法人について、従来の課税方式で計算した税額を超えた額のうち、一定の額を、その事業年度に係る法人事業税額から控除する激変緩和措置が２年間の経過措置として設けられます（令６改正法附則８②）。

④　施行期日

　上記①から③までの改正は、令和８年（2026年）４月１日以後に開始する事業年度から適用されます（令６改正法附則１四）。

（参考１）外形標準課税の見直し（減資対応）の概要

- 外形標準課税の対象外となっている中小企業やスタートアップ（資本金１億円以下）について、引き続き対象外（新設法人も、事業年度末日時点で資本金１億円以下であれば対象外）。
- ただし、当該事業年度の前事業年度に外形標準課税の対象であった法人（資本金１億円超）であって、当該事業年度に資本金１億円以下で、資本金と資本剰余金の合計額が10億円を超えるものは、外形標準課税の対象となる（令和７年４月１日施行予定）。

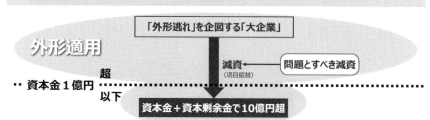

（参考２）外形標準課税の見直し（分社化等への対応）の概要

- 大企業の100％子法人や外形逃れを企図した組織再編への対応のため、「資本金＋資本剰余金」50億円超の親法人の100％子法人等（※1）が「資本金＋資本剰余金」２億円超（※2）の場合、外形対象（「資本金＋資本剰余金」２億円以下の場合は対象外）。
- 非課税又は所得割のみで課税される親法人（＝資本金１億円以下の中小企業等）の100％子法人等は、引き続き外形の対象外。

- ✓ 産業競争力強化法の改正を前提に、同法の特別事業再編計画（仮称）に基づき行われるM&Aにより100％子法人等となった法人について、５年間、外形対象外とする特例措置を設ける。
- ✓ 本改正により新たに外形対象となる法人について、外形対象となったことにより従来の課税方式で計算した税額を超えることとなる額を、施行日以後に開始する事業年度の１年目に2/3、２年目に1/3軽減。
- ✓ ２年間の猶予期間を設け、令和８年４月１日施行予定。

外形標準課税の対象となる子法人	産業競争力強化法における対象除外措置
「資本金＋資本剰余金」50億円超の大規模法人 （外形対象外である中小企業を除く）	地域の中核となり、成長を目指す「中堅・中小企業」が、M&Aにより中小企業を子会社化し、グループ一体での成長を遂げていくケース
↓	↓
100％子法人等 （完全支配関係がある場合）	産業競争力強化法の計画認定を受けた場合
↓	↓
「資本金＋資本剰余金」２億円超の 中小企業は新たに外形対象	既存の100％子法人等も含め、５年間は外形対象外

※1　法人税法上の完全支配関係がある法人、100％グループ内の複数の特定法人に発行済株式等の全部を保有されている法人
※2　公布日以後に、100％子法人等が親法人に対して資本剰余金から配当を行った場合、当該配当に相当する額を加算

（出典：経済産業省「令和６年度（2024年度）経済産業関係　税制改正について」）

【2】改正の背景

⑴　法人事業税の外形標準課税の概要と導入・改正の沿革

　法人事業税の外形標準課税は、平成16年度に資本金1億円超の大法人を対象に導入され、平成27、28年度税制改正において、より広く負担を分かち合い、企業の稼ぐ力を高める法人税改革の一環として、所得割の税率引下げと併せて、段階的に拡大されてきました。

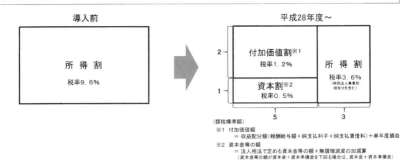

（出典：自由民主党税制調査会資料（令和5年11月29日））

⑵　対象法人数・割合の減少と減少要因

　この外形標準課税の対象法人数は、資本金1億円以下への減資を中心とした要因により、導入時に比べて約3分の2まで減少してきていました。

外形標準課税対象法人数・割合の推移（全国）

○　外形標準課税の対象法人数、その割合とも、平成18年度をピークとして減少傾向が継続。
○　平成18年度と比べて令和3年度は、数では約1万社の減少、割合では2／3に減少。

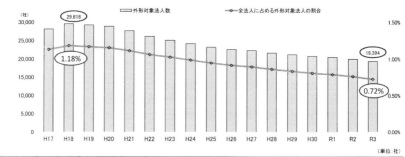

（単位：社）

	H17	H18	H19	H20	H21	H22	H23	H24	H25	H26	H27	H28	H29	H30	R1	R2	R3
全法人数	2,492,935	2,507,171	2,509,668	2,510,465	2,489,828	2,468,869	2,453,772	2,453,748	2,462,474	2,479,271	2,506,528	2,527,342	2,553,409	2,582,032	2,605,974	2,629,728	2,685,308
うち外形対象法人数	28,158	29,618	29,301	28,943	27,702	26,196	25,176	24,194	23,275	22,624	22,380	21,681	21,225	20,780	20,474	19,989	19,394
外形対象法人数の割合	1.13%	1.18%	1.17%	1.15%	1.11%	1.06%	1.03%	0.99%	0.95%	0.91%	0.89%	0.86%	0.83%	0.80%	0.79%	0.76%	0.72%

（出所）総務省「道府県税の課税状況等に関する調」より作成

外形標準課税対象法人数の増減要因（推計）

○　平成24年度から令和2年度において、外形標準課税対象法人数は約4,000社純減。
○　このうち「減資」による減少と「増資」による増加の差は約3,000社と推計（純減した約4,000社の約4分の3に相当）。

○増減要因数の全体推計

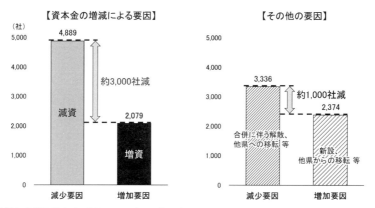

※総務省「外形標準課税対象法人数の増減に係る要因分析調査」結果より推計
※増減要因は、回答不能の5県を除く42都道府県において、サンプルとなる法人を無作為に抽出して推計したもの。

（出典：自由民主党税制調査会資料（令和5年11月29日））

① 減資による資本金減少と問題視された項目振替型(資本金から資本剰余金)
減資

　このような減資には、損失処理等に充てるためではなく、財務会計上、単に
資本金を資本剰余金に振り替えるだけの減資を行っている事例も存在し、問題
視されていました。

減資の主なパターン

○　減資の主なパターンは以下のとおり。
①項目振替　　（資本金から資本剰余金への振替え）
②損失の処理　（その他資本剰余金からその他利益剰余金への振替え）
③株主への払戻し（項目振替＋資本剰余金の配当）

【株式会社の貸借対照表における減資とその後】

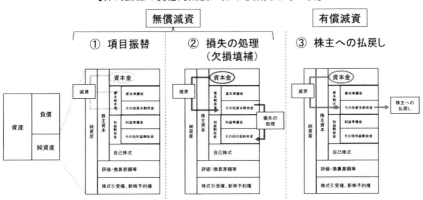

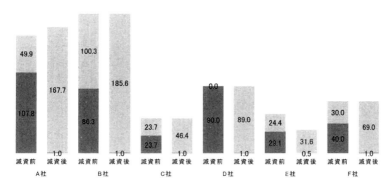

減資前後で資本金・資本剰余金の合計額の変化が小さい事例
○　減資により資本金を1億円以下に減らし、その大部分を資本剰余金に振り替えている事例が存在。

■資本金　　資本剰余金　　　　　　　　　　（単位：億円）

（出所）令和元年から令和3年の間に資本金1億円以下に減資した企業について、各社ホームページ、有価証券報告書等を基に作成。

（出典：自由民主党税制調査会資料（令和5年11月29日））

②　100％子会社等の外形逃れを企図した組織再編制

　また、組織再編等の際に子会社の資本金を1億円以下に設定することにより、外形標準課税の対象範囲が実質的に縮小する事例も生じており、問題視されていました。

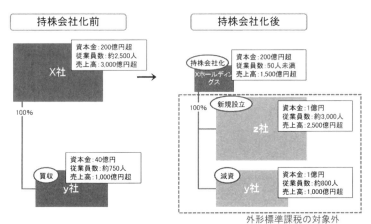

組織再編と外形標準課税の対象範囲の関係

○ 事業部門の分社化や持株会社化、外部の企業の子会社化などの組織再編の際に、子会社の資本金を
　1億円以下に設定すること等により、外形標準課税の対象となる部分が大幅に縮小している事例も見られる。

（出典：自由民主党税制調査会資料（令和5年11月29日））

(3)　制度見直し上の配慮の必要性

　そこで、令和6年度税制改正では、企業の稼ぐ力を高める法人税改革の趣旨
や地方税収の安定化・税負担の公平性といった制度導入の趣旨を踏まえ、中
堅・中小企業のM&Aやスタートアップへの影響が生じないよう配慮しつつ、
外形標準課税の適用対象法人のあり方について制度的な見直しを行うこととされ
ています。

制度見直しに係る検討のポイント

○　これまでの法人課税に関する制度見直しと同様、「資本金１億円超」との現行基準は維持しつつ、必要な追加的基準を検討することとしてはどうか。

○　操作可能性を排し、法人の事業規模等を測る適正性を確保することが必要ではないか。

○　中小企業をはじめとした地域経済への影響に十分配慮するとともに、スタートアップの推進等の政府の経済政策との整合性にも配慮することが必要ではないか。

　　・　例えば、現に外形標準課税の対象となっている法人に対して上記追加基準を設定することが考えられるか。（現に外形標準課税の対象外となっている法人については、引き続き対象外とすることで、中小企業が含まれるのではないかとの懸念に配慮。）

　　・　スタートアップについては、一定の要件を満たすものを対象から除くことが考えられるか。

○　基準は明確で簡素であること（納税者及び課税庁の事務負担への配慮）が必要ではないか。

　　　　　　　　　　（出典：自由民主党税制調査会資料（令和５年12月８日））

【3】改正内容の詳細

⑴　減資への対応

①　中小企業やスタートアップへ配慮した資本金１億円基準の維持

　減資への対応として、従来の資本金１億円超基準は維持することとされます。

　このように、今回の見直しは、外形標準課税の対象を中小企業に広げるものではありません。

②　大法人に対する資本金・資本剰余金合計10億円という補充的な基準の追加

　ただし、当分の間、外形標準課税の対象である大法人に対する補充的な基準が追加されます。

　具体的には、前事業年度に外形標準課税の対象であった法人が、その事業年度に資本金１億円以下になった場合でも、資本金と資本剰余金の合計額が10億円を超えるときは、外形標準課税の対象とされます（新地法附則８の３の３）。

③　施行期日

　上記②の改正は、令和７年（2026年）４月１日に施行し、同日以後に開始す

る事業年度から適用されます（令6改正法附則1三）。

④　「駆け込み減資」防止としての経過措置

　なお、「駆け込み減資」防止の経過措置として、施行日以後最初に開始する事業年度については、上記②にかかわらず、公布日を含む事業年度の前事業年度（公布日の前日に資本金が1億円以下となっていた場合には、公布日以後最初に終了する事業年度）に外形標準課税の対象であった法人であって、その施行日以後最初に開始する事業年度に資本金1億円以下で、資本金と資本剰余金の合計額が10億円を超えるものは、外形標準課税の対象とされます（令6改正法附則7）。

【令和7年4月1日以後最初に開始する事業年度が外形標準課税対象となるか否かの判定】

（公布日を令和6年3月31日と仮定）

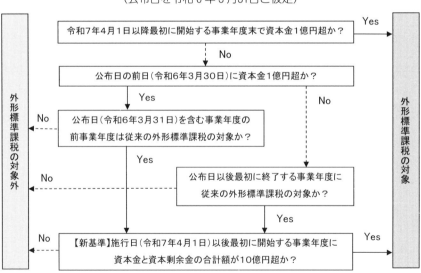

⑤　令和6年度改正法の公布日は要注意

　公布日とは、法案が国会で成立し、官報に掲載される日をいいます。官報に掲載されるのは通常は「平日」ですが、公布日となることが見込まれる「令和6年3月31日」は日曜日です。

　したがって、国会での令和6年度税制改正法案の成立と公布（官報掲載）が

いつになるのか、実務上、この経過措置が「公布日」を基準としてるだけに、要注意です。

⑵　一定の規模の親会社の信用力等を背景に事業活動を行う100％子法人等への対応

　次に、親会社の信用力等を背景に事業活動を行う子会社への対応として、資本金と資本剰余金の合計額が50億円を超える法人等の100％子法人等のうち、資本金が1億円以下であって、資本金と資本剰余金の合計額が2億円を超えるものも、外形標準課税の対象とされます（新地法72の2①一ロ）。

①　親法人（特定法人）の規模基準としての資本金・資本剰余金合計50億円超

　改正法は、非課税又は所得割のみで課税される法人等を除く、資本金と資本剰余金の合計額が50億円を超える法人又は相互会社・外国相互会社を「特定法人」と定義しています。

　この「特定法人」である親法人の規模基準としての資本金と資本剰余金の合計額50億円超は、東証プライム市場の新規上場基準に用いられている指標のうち、統計上、「資本金と資本剰余金の合計額」との関係性が確認できる指標（利益（2年合計25億円以上）、売上高（100億円以上）、純資産額（50億円以上））を分析し、収益基盤（利益又は売上高）、財政状態（純資産額）の両方の基準を満たす企業の「資本金と資本剰余金の合計額」が平均約15億円であることから、これを上回る50億円超を採用したものです。

　また、資本金等の額50億円超の法人は、法人県民税均等割の税率区分で最高税率が適用されるものでもあります。

減資への対応に係る対象法人の考え方 ②

○ 資本金1億円以下で、<u>資本金等の額10億円超</u>の法人は<u>約5,400法人</u>（資本金1億円以下 272万法人の0.2％）。

○ 資本金1億円以下で、<u>資本金等の額50億円超</u>の法人は<u>約1,500法人</u>（同 0.05％）。

○ なお、東証プライム市場の新規上場基準（財政状態）は「純資産額が50億円以上」とされており、
純資産より狭い概念である「資本金と資本剰余金の合計額」50億円は、原則、東証プライム上場基準を上回る水準。

資本金等の額の階層別の法人数

	資本金等の額 区分	法人数	うち 資本金1億円以下
中堅企業等	10億円超～	14,816 法人	5,424 法人（0.20％）※
中堅を除く大企業 プライム基準を 原則上回る規模	50億円超～	5,938 法人	1,487 法人（0.05％）※

※（）内は、資本金1億円以下 272万法人に占める割合

(出所) 総務省「道府県税の課税状況等に関する調」(令和4年度連報値)及び都道府県への追加調査より

(参考) 東証プライム市場・スタンダード市場の上場基準（財政状態）

	新規上場基準	上場維持基準
プライム市場 <small>安定的かつ優れた財政状態 を有する銘柄を選定</small>	純資産額が 50億円以上	純資産額が 正であること
スタンダード市場 <small>安定的な財政状態を 有する銘柄を選定</small>	純資産額が 正であること	純資産額が 正であること

［ 貸借対照表の純資産の部 ］

純資産	株主資本	資本金	
		資本剰余金	資本準備金
			その他資本剰余金
		利益剰余金	利益準備金
			その他利益剰余金
		自己株式	
	評価・換算差額等		
	株式引受権、新株予約権		

(出典：自由民主党税制調査会資料（令和5年11月29日))

②　100％子法人の規模基準としての資本金・資本剰余金合計2億円超

特定法人の100％子法人等のうち、その事業年度の末日の資本金が1億円以下で、資本金と資本剰余金の合計額が2億円を超えるものが外形標準課税の対象とされます。

資本金と資本剰余金の合計額が2億円を超えるものを課税対象としたのは、1）大規模な法人の100％子法人であっても、その事業規模は様々であり、小規模な子法人の事務負担等への配慮が必要であること、2）会社法において、株式会社の資本金の額は、原則として、設立又は株式の発行に際して株主となる者がその株式会社に対して払込み又は給付をした財産の額であるが、その2分の1を超えない額を資本金として計上しない場合には、資本準備金として計上しなければならない（会法445①～③)、と規定されていること等を考慮したものと考えられます。

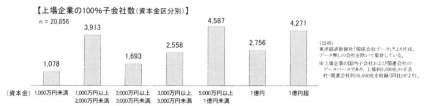

（出典：自由民主党税制調査会資料（令和５年11月29日））

③　資本剰余金の駆け込み減少防止措置

　公布日以後に、100％子法人等が100％親法人等に対して資本剰余金から配当を行った場合には、その配当に相当する額を加算した金額で資本金と資本剰余金の合計額が２億円を超えるか否かの判定を行います。

　これは、公布日以後、適用される事業年度末までに100％子法人等が、資本剰余金から配当することで資本剰余金の額を減少させ、外形標準課税の適用を免れることを防止するものです。

資本金の額	資本剰余金の額	+	改正法の公布日以後に100％子法人等が100％親法人等に対して行った資本剰余金からの配当額	＞２億円

　この取扱いも、改正法の公布日を基準にしていることから、令和６年度改正

法の公布日には要注意です。

④ 「100％子法人等」とは

この「100％子法人等」とは、特定法人との間にその特定法人による法人税法に規定する完全支配関係がある法人及び100％グループ内の複数の特定法人に発行済株式等の全部を保有されている法人をいいます。

つまり、この「100％子法人等」とは、特定法人による直接又は間接の法人税法に規定する完全支配関係がある法人をいいます。

⑤ 中堅企業等のM&Aへの配慮措置

ところで、地域の中核となり、成長を目指す「中堅・中小企業」が、M&Aにより後継者不在の中小企業を子会社化し、グループ一体で成長を遂げていくケースがあります。

そこで、中堅企業等のM&Aへの配慮として、次の要件を満たすものは、株式を取得して100％子会社なった法人でも、5年間、外形標準課税の対象外とする措置が設けられます（新地法附則8の3の4）。

a) 前提となる法律	産業競争力強化法の改正
b) M&Aの買い手	令和9年3月31日までの間に同法の特別事業再編計画(仮称)の認定を受けた認定特別事業再編事業者（仮称）
c) 対象となるM&A	その認定を受けた計画に従って行う一定の特別事業再編（仮称）のための措置として他の法人の株式等の取得、株式交付又は株式交換を通じて他の法人を買収し、その買収（一定のものに限ります。）の日以降も引き続き株式等を有している場合
d) 外形標準課税対象外とされる法人事業税	他の法人（その認定特別事業再編事業者（仮称）がその計画の認定を受ける前5年以内に買収した法人を含みます。）が行う事業に対する法人事業税
e) 対象外とされる期間	その買収の日の属する事業年度からその買収の日以後5年を経過する日の属する事業年度までの各事業年度

ただし、他の法人等が、資本金1億円超又は上記①「減資への対応」により外形標準課税の対象である場合は、この「中堅企業等のM&Aへの配慮措置」の対象から除外されます。

⑥　激変緩和措置

　上記により、新たに外形標準課税の対象となる法人について、外形標準課税の対象となったことにより、従来の課税方式で計算した税額を超えることとなる額のうち、次に定める額をその事業年度に係る法人事業税額から控除する措置が講じられます（令6改正法附則8②）。

| ㈦　令和8年4月1日から令和9年3月31日までの間に開始する事業年度 | その超える額の3分の2相当額 |
| ㈹　令和9年4月1日から令和10年3月31日までの間に開始する事業年度 | その超える額の3分の1相当額 |

⑦　施行期日

　これら上記の改正は、令和8年（2027年）4月1日に施行し、同日以後に開始する事業年度から適用されます（令6改正法附則1四）。

（掛川　雅仁）

16.　金庫株の譲渡対価の明確化

【1】改正の経緯

　金庫株とされる株式の譲渡法人の譲渡対価については、法人税基本通達4－1－6（市場有価証券等以外の株式の価額）とそれを準用する同2－3－4（低廉譲渡等の場合の譲渡の時における有償によるその有価証券の譲渡により通常得べき対価の額）において明らかにされていますが、今回、「令和6年度税制改正の大綱」において、「買戻条件の付された一定の種類株式について買戻しが行われた場合における譲渡法人の課税上の取扱いを明確化する。」（67頁）とされています。

　このような改正を行うこととされたのは、次の【2】で述べる裁決があったためではないかと考えられます。

【2】取得条項付株式の金庫株についての裁決

　取得条項付株式の金庫株について、納税者は定款に定められた条項により計算した価額で譲渡していますが、これに対し、国税当局は、低額譲渡であるとして、譲渡益に対する課税を行っています。

　具体的には、国税当局は、「本件Ａ種株式の取得は出資の払戻しに該当するため、残余財産の分配と類似し、この場合、純資産額を基準とすることが残余財産分配時と整合的と考えられる」として、純資産額を算定し、定款に定められた条項により計算した額（約８倍）との差額について、譲渡益として課税する更正を行っています。

　国税不服審判所は、譲渡法人は中心的同族株主以外の同族株主である場合、法人税基本通達４－１－６により、適正な譲渡対価は、相続税評価額（当該法人は、「大会社」であるので類似業種比準価額）であり、定款に定められた条項により計算した額については、この相続税評価額「との開差は、さほど大きなものとは言えない。」とし、本件株式の譲渡対価の額は、財産評価基本通達による類似業種比準価額とするのが合理的であると判断しました（法人税裁決Ｆ０－２－1047、所得税裁決　Ｆ０－１－1322、令和４年１月20日）。

【3】明確化の内容

　国税不服審判所は、種類株式について、日本公認会計士協会「種類株式評価事例」（経営研究調査会研究報告第53号・平成25年11月６日）が実務の参考になるとし、普通株式について、法人税基本通達２－３－４及び同４－１－４～６に準拠し、本件株式は財産評価基本通達の178の大会社の場合、同179により、同180に定める類似業種比準価額によって評価されるとしています。このため、上記【2】の改正により、取得条項付株式に限定して明確化されるのか、法人税における普通株式の金庫株について明確化されるのかは、現時点では明らかではありませんが、おそらく通達改正を含む「明確化」が行われるのではないかと考えられます。

（竹内　陽一）

Ⅳ　国際課税関係の改正

1．各対象会計年度の国際最低課税額に対する法人税等の見直し

【1】はじめに

　令和5年度税制改正において、各対象会計年度の国際最低課税額に対する法人税等が創設されました。この制度は、OECD/G20で検討されてきたグローバルミニマム課税に対応する仕組みとなります。

　OECDでは、2015年のBEPS（Base Erosion and Profit Shifting：税源浸食と利益移転）最終報告書公表後も、経済のデジタル化に対応した課税上の課題への対応が未解決のテーマとして残されていました。このため、2019年にOECDとしてBEPS2.0と呼ばれるプロジェクトを立ち上げ、OECD/G20の後押しを受けた包摂的枠組み（Inclusive Framework：IF）において、140ヶ国超の参加を得て、検討を進めてきました。このプロジェクトの検討対象は、市場国により多くの課税権を配分するための新たなネクサスと利益配分ルールの策定という「第1の柱（Pillar 1：P1）」及び新たなグローバルミニマム課税ルールの策定という「第2の柱（Pillar 2：P2）」の二つの柱となっています。

　この二つの柱については、複数回の公開市中協議などを行い、企業やNGOなどの意見を踏まえつつ、2021年7月に包摂的枠組みで政治的な合意に達しました。第1の柱は、国家間の課税権の配分に関わる利益Aと、市場国における基礎的販売活動に関する移転価格税制の簡素化を目的とする利益Bとに分けられます。第1の柱の利益Aについては、各国が参加する多国間協定を通じて導入する仕組みとなるため、当該多国間協定については、引き続きその詳細について検討が進められています。また、利益Bについても、OECD移転価格ガイドラインの改定を目指し、検討が進められています。一方、第2の柱については、各国の国内法により導入するということになっています。そのため、令和5年度以降、日本においても、第2の柱の導入が進められてきました。

【2】令和5年度税制改正の概要及び同改正以後のOECDにおける議論の進捗

　第2の柱のグローバルミニマム課税については、いくつかの法制度が合わさった仕組みとなっています。令和5年度税制改正において、「各対象会計年

度の国際最低課税額に対する法人税」が創設されましたが、これは、国際的には所得合算ルール（Income inclusion rule：IIR）と呼ばれるものとなります。この他、第2の柱の枠組みには、軽課税所得ルール（Under Taxed Profits Rule：UTPR）及び国内ミニマム課税（Qualified Domestic Minimum Top-up Tax：QDMTT）も含まれることとなります。OECDでは、これらを総称して、GloBE（Global Anti-Base Erosion）ルールという名称で呼ばれています。

令和5年度税制改正で創設された「各対象会計年度の国際最低課税額に対する法人税」は、グループの全世界での年間総収入金額が7億5,000万ユーロ以上の多国籍企業グループを対象とし、実質ベースの所得除外額を除く所得について国ごとに基準税率15％以上の課税を確保する目的で、子会社等の所在する軽課税国での税負担が基準税率の15％に至るまで、日本に所在する親会社等に対して上乗せ（トップアップ）課税を行う制度となります。この制度は、令和5年度税制改正大綱の作成時点でのOECDにおける合意内容、モデルルールや実施ガイダンスの内容を踏まえて創設されたものとなります。

【図表1：各対象会計年度の国際最低課税額に対する法人税のイメージ】

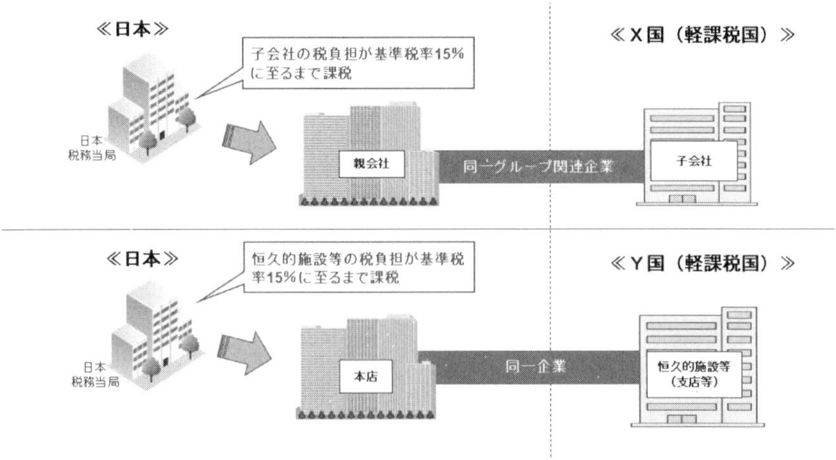

（出典：国税庁「グローバル・ミニマム課税への対応に関する改正のあらまし」2頁より抜粋）

その後、OECDから、第2の柱について、2023年2月に第1弾の実施ガイ

ダンスが、2023年7月に第2弾の実施ガイダンスが公表されました。これらの
ガイダンスでは、移行期間におけるルール、QDMTT及びQDMTTセーフハー
バーの設計、グローバルミニマム課税の計算を行う際の通貨換算ルール、実質
ベースの所得控除（Substance based income exclusion：SBIE）の適用に関す
るガイダンス等が示されています。令和6年度税制改正では、これらのガイダ
ンスで示された内容の中で、重要性・緊急性の高いものが法制化されると考え
られます。

【3】令和6年度税制改正における各対象会計年度の国際最低課税額に対する法人税等の見直し

令和6年度税制改正大綱の記述は、次のとおりです。

1　各対象会計年度の国際最低課税額に対する法人税等の見直し

（国　税）

各対象会計年度の国際最低課税額に対する法人税等について、次の見直しを行う
こととする。

⑴　構成会社等がその所在地国において一定の要件を満たす自国内最低課税額に
係る税を課することとされている場合には、その所在地国に係るグループ国際
最低課税額を零とする適用免除基準を設ける。

⑵　無国籍構成会社等が自国内最低課税額に係る税を課されている場合には、グ
ループ国際最低課税額の計算においてその税の額を控除する。

⑶　個別計算所得等の金額から除外される一定の所有持分の時価評価損益等につ
いて、特定多国籍企業グループ等に係る国又は地域単位の選択により、個別計
算所得等の金額に含める。

⑷　導管会社等に対する所有持分を有することにより適用を受けることができる
税額控除の額（一定の要件を満たすものに限る。）について、特定多国籍企業
グループ等に係る国又は地域単位の選択により、調整後対象租税額に加算する。

⑸　特定多国籍企業グループ等報告事項等の提供制度について、特定多国籍企業
グループ等報告事項等を、提供義務者の区分に応じて必要な事項等に見直す。

⑹　外国税額控除について、次の見直しを行う。

①　次に掲げる外国における税について、外国税額控除の対象から除外する。

イ　各対象会計年度の国際最低課税額に対する法人税に相当する税

ロ　外国を所在地国とする特定多国籍企業グループ等に属する構成会社等に
対して課される税（グループ国際最低課税額に相当する金額のうち各対象
会計年度の国際最低課税額に対する法人税に相当する税の課税標準とされ

> る金額以外の金額を基礎として計算される金額を課税標準とするものに限る。）又はこれに相当する税
> ② 自国内最低課税額に係る税について、外国税額控除の対象とする。
> ⑺ その他所要の措置を講ずる。
> （地方税）
> 法人住民税の計算の基礎となる法人税額に各対象会計年度の国際最低課税額に対する法人税の額を含まないよう所要の措置を講ずる。

　この中で特に重要となるのは、「（国税）」の⑴の「構成会社等がその所在地国において一定の要件を満たす自国内最低課税額に係る税を課することとされている場合における適用免除基準」となろうかと思います（新法法82の2⑥）。

　これは、国際的にはQDMTTセーフハーバーと呼ばれるものであり、QDMTTが導入されている国においては、「その所在地国に係るグループ国際最低課税額を零とする」こととされます。このことにより、各対象会計年度の国際最低課税額に対する法人税（IIR）の計算が大幅に簡素化されることとなります。既に欧州などを中心に、第2の柱については、各国で国内法制化が進展しており、QDMTTについても、既に法制化を進めている国が見られます。これらの国について、IIRの計算の簡素化が図られることは企業にとって歓迎すべき方向性と評価できると思われます。なお、適用免除の対象となる自国内最低課税額に係る税を定める「一定の要件」については、今後のOECDにおける議論やピアレビューにおける各国の評価等を経て、決定される方向となると思われます。

　また、「（国税）」の⑹の外国税額控除に関する取扱いの明確化も重要となります。QDMTTについては、外国税額控除の対象となることが明確化される一方、IIRやUTPRについては、外国税額控除の対象外となることが明確化されます。この点についても、これまで取扱いが懸念されていた点であり、企業から見て明確化は評価できる方向と言えます。

　この他、OECDの実施ガイダンスに沿って、無国籍構成会社や導管会社等のいくつかの項目について明確化の方向で改正されます（新法法82の2②・④等）。

　なお、第1の柱については、今回の令和6年度税制改正大綱では具体的な改正項目は示されていません。

【4】今後の見通し

　上記のとおり、UTPR 及び QDMTT の国内法制化は、まだ行われていません。

　これらについては、令和 7 年度税制改正で検討される可能性が高いと見込まれます。

　注視すべきものとして、与党の令和 6 年度税制改正大綱の公表後の2023年12月18日に、OECD から、第 2 の柱に関する追加的な実施ガイダンスが公表されています。この実施ガイダンスは、2023年 2 月に公表された第 1 弾の実施ガイダンスと2023年 7 月に公表された第 2 弾の実施ガイダンスに続くものとなります。この第 3 弾の実施ガイダンスには、暫定的な CbCR セーフハーバーの適用や多国籍企業グループが GloBE ルールの適用範囲内かどうかを判断するための収益の定義、報告事業年度が短い多国籍企業グループに対する GloBE 情報申告書及び届出書の提出に関する暫定的な救済措置などの明確化や、構成事業体の事業年度又は財務年度と税務年度が不一致である場合の GloBE ルールの適用、一部の構成事業体が GloBE ルールに基づいて実効税率（ETR）を計算しない場合の特定の CFC 税制で生じる税金の配分及び重要でない構成事業体の簡易計算セーフハーバーに関するガイダンスも含まれています。また、実施ガイダンスの内容については、2024年に改定される OECD のコメンタリーに反映することとされています。これらの内容についても、令和 7 年度以降の税制改正において、順次、国内法制化が検討されることになると思われます。

　また、第 1 の柱については、利益 A に関し、OECD/G20から新しいタイムラインが公表され、2024年 3 月までに最終化し、同年 6 月に署名式を開催するとされました。国際的な合意後に、その内容に従って日本においても多国間条約の批准・国内法制化の議論が行われることが見込まれます。また、利益 B については、2024年 1 月末までに最終的な結論を出し、OECD の移転価格ガイドラインに反映するとされていました。1 月末までには公表されませんでしたが、利益 B の最終的な結論が、2024年の早いタイミングで出されれば、最速で令和 7 年度税制改正において、日本でも利益 B の導入が議論されることとなります。利益 B は移転価格ルールの見直しであり、対象企業の閾値等が設定されない場合、幅広い企業に影響が及ぶ可能性があります。このため、第 1

の柱の動向についても引き続き注視が必要となります。

2. 外国子会社合算税制の見直し

【1】はじめに

　外国子会社合算税制は、外国子会社を利用した租税回避を防止するために、一定の条件に該当する外国子会社の所得を日本の親会社の所得とみなして合算し、日本で課税する制度です。日本で創設された当初は、「タックス・ヘイブン対策税制」と呼ばれていました。

　外国子会社合算税制は、平成29年度税制改正でOECD/G20のBEPS（Base Erosion and Profit Shifting：税源侵食と利益移転）プロジェクトを踏まえて、外国子会社の経済実体・所得の内容に即して、実体がない受動的所得は合算対象とする一方、実体がある事業からの所得については、外国子会社の税負担率に関わらず合算対象外とする方向で、抜本的な見直しがなされました。

　その後、OECDで前述の第2の柱の検討が進展し、CFC（Controlled Foreign Company）税制と第2の柱は併存する制度となりました。

　両制度の違いについて、第2の柱は会計利益に着目し、事業体ごとではなく、法域ごとに最低税率15%を上回っているかチェックし、さらに制度の適用に当たっては、「グループの全世界での年間総収入金額が7億5,000万ユーロ以上」という閾値が設定されています。一方で、CFC税制については、税務上の所得をベースとし、適用の判定は事業体ごとであり、また、総収入金額等の閾値はなく、原則としてすべての外国関係会社が対象となります。

【図表2：各対象会計年度の国際最低課税額に対する法人税（IIR）と外国子会社合算税制税制（CFC税制）の比較】

	各対象会計年度の国際最低課税額に対する法人税（IIR）	外国子会社合算税制（CFC税制）
対象となる課税ベース	会計上の利益	税法上の所得
対象となる企業グループの閾値	グループの全世界での年間総収入金額が7億5,000万ユーロ以上	閾値はなし（「外国関係会社」に該当する全ての外国子会社）

トリガー税率	15%	20% 27%（ペーパー・カンパニー等）
租税負担割合 の計算方法	国・地域レベルで合算	事業体レベル
課税方法	子会社所在地国での税負担が15% に至るまで課税	親会社の所得に合算課税
OECDの ルール	OECDで統一的なルールを作成 し、各国で国内法制化	OECDにおける統一的なルール は存在せず、各国独自のルールが 存在

（筆者作成）

　しかしながら、どちらの制度も、外国に所在する子会社等の事業体における低い税負担という事実に着目し、日本に所在する最終親会社の制度に基づいて課税を及ぼすという点で、共通点があります。また、各対象会計年度の国際最低課税額に対する法人税とCFC税制については、OECDでの議論からCFC税制が先に適用されるとされているものの、両制度のベースが税務上の所得と会計上の利益というかたちで異なっていることもあり、両制度がともに適用された場合には、計算等が非常に煩雑で事務負担が重くなることが指摘されていました。

　このような状況を踏まえ、与党の令和5年度税制改正大綱では、その総論部分において「外国子会社合算税制については、国際的なルールにおいても「第2の柱」の導入以降も、外国子会社を通じた租税回避を抑制するための措置としてその重要性は変わらない」とされる一方、「「第2の柱」の導入により対象企業に追加的な事務負担が生じること等を踏まえ、外国子会社合算税制について可能な範囲で見直しを行うとともに、令和6年度税制改正以降に見込まれる「第2の柱」の法制化を踏まえて、必要な見直しを検討する」とされました。今回の令和6年度税制改正もこの令和5年度税制改正大綱の記載を受けた形での事務負担の簡素化に向けた見直しと評価できます。

【2】令和6年度税制改正における外国子会社合算税制の見直し

　令和6年度税制改正大綱の記述は、次のとおりです。

154

2　外国子会社合算税制等の見直し

（国　税）

⑴　内国法人の外国関係会社に係る所得の課税の特例（いわゆる「外国子会社合算税制」）におけるペーパー・カンパニー特例に係る収入割合要件について、外国関係会社の事業年度に係る収入等がない場合には、その事業年度における収入割合要件の判定を不要とする。

⑵　居住者に係る外国子会社合算税制及び特殊関係株主等である内国法人に係る外国関係法人に係る所得の課税の特例等の関連制度につき、上記⑴と同様の見直しを行う。

（地方税）

個人住民税、法人住民税及び事業税について、内国法人の外国関係会社に係る所得の課税の特例（いわゆる「外国子会社合算税制」）等の見直しに関する国税の取扱いに準じて所要の措置を講ずる。

　本件は、外国子会社合算税制のペーパー・カンパニー特例における収入割合要件について、外国関係会社の事業年度に係る収入等がない場合に収入割合要件の判定を不要とするものです。収入割合要件とは、外国関係会社の当該事業年度の収入金額に占める配当や株式譲渡の対価の額等が95％を超えているかどうか判定するものですが、当該外国関係会社に収入等の金額がない場合の取扱いが不明瞭でした。今回の見直しにより、収入割合要件の判定が不要とされたことで、この点の取り扱いが明確化されることとなります。

　また、居住者に係る外国子会社合算税制及び特殊関係株主等である内国法人についても、同様の見直しがなされるとともに、地方税の関係でも同様の見直しがなされる予定です。

　なお、上記の見直しの他、米国における州税計算の簡素化に資する措置等も導入される見込みです。

　今回の見直し事項に関する外国子会社合算税制全体の中の位置づけは、次の図のとおりとなります。

【図表３：外国子会社合算税制の見直し】

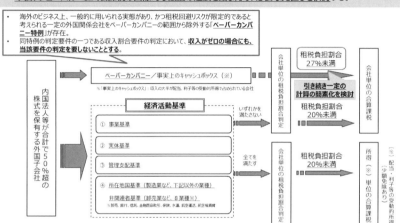

（出典：経済産業省「令和６年度（2024年度）経済産業関係 税制改正について」39頁）

【３】今後の見通し

　「１．各対象会計年度の国際最低課税額に対する法人税等の見直し」の項目で記載したとおり、第２の柱の国内法制化は、引き続き途上にあり、また、今後、OECD においてコメンタリーの改定や新しいガイダンスの公表等が予定されています。このため、このような第２の柱の導入・見直しを踏まえた外国子会社合算税制の簡素化の議論は、令和７年度税制改正においても引き続きなされるものと想定されます。このため、与党の令和６年度税制改正大綱においても、その基本的考え方において、「「第２の柱」の導入により対象企業に追加的な事務負担が生じること等を踏まえ、令和５年度税制改正に引き続き、外国子会社合算税制について可能な範囲で追加的な見直しを行うとともに、令和７年度税制改正以降に見込まれる更なる「第２の柱」の法制化を踏まえて、必要な見直しを検討する」と明記されています。今後とも、外国子会社合算税制については、第２の柱の検討の状況も踏まえつつ、見直しがあることを想定して、

内容を注視していく必要があると思われます。

（神谷　智彦）

Ⅴ　納税環境の整備

1．支払調書等の提出義務判定基準の引下げ

【1】改正前の制度の概要・趣旨

　給与所得の源泉徴収票をはじめとする多くの法定調書は、所得税法等の規定により税務署への提出が各法人に義務付けられています（所法226他）。これらの法定調書は、平成23年度税制改正により法定調書の種類ごとに基準となる年（提出期限の属する年の前々年）の枚数が1,000枚以上であるものについてe-Tax又は光ディスクによる提出が義務付けられ、その後、平成30年度税制改正においてその基準となる年の枚数が100枚以上に引き下げられました（所法228の4他）。

【2】改正の背景

　近年、税務行政のDX化、納税者の利便性向上や行政コストの削減の取り組みが実施されています。その一例として、源泉徴収票については、政府として「書かない確定申告」を推し進める中、令和6年2月（令和5年分の確定申告）より、マイナポータル連携を利用することにより、源泉徴収票のデータをe-Taxの確定申告データに連携させることが可能となりました。一方、この仕組みを利用するためには事業者がオンライン（e-Tax又は認定クラウド等）により、自社従業員の源泉徴収票の提出を実施する必要があります。「書かない確定申告」の利用を促進するためには、より多くの事業者にオンラインでの源泉徴収票の提出を行ってもらう必要があります。

　このように、社会全体のデジタル化の更なる推進に向けて、企業の税務手続きの電子化のきっかけとすべく、令和6年度税制改正において、法定調書の電子提出基準の引き下げが行われることとなりました。

【3】改正内容

　改正前の制度においては、基準となる年の1月1日から12月31日までの間に提出すべきであった調書ごとの提出枚数が100枚以上であるものについて、法定調書をオンライン又は光ディスク等により提出することが義務付けられています。

　一方で、令和4年10月19日に実施された第8回納税環境整備に関する専門家会合における財務省提出資料によれば、電子提出義務のない100枚未満の法定調書についても全体件数の7割以上は電子的に提出されていることに加え、書面で提出されている法定調書についても9割以上がシステムにより作成されています。こうしたデジタル化に対応が可能な素地があるという実態を踏まえ、さらに提出方法に影響のある企業数を加味した結果として、令和6年度税制改正により、この提出枚数の基準が100枚から30枚に引き下げられることになります（新所法228の4他）。

　なお、前述のような改正の背景はあるものの、今回の改正で新たに対象となる基準となる年の提出枚数が30枚以上である企業を含めた本制度の対象企業は、e-Tax等によるオンラインでの提出のみではなく、引き続き光ディスク等での提出も許容されています。しかし、国税庁からは、従業員の確定申告における利便性向上や、税務行政を含めた社会全般のデジタル化の観点から、より多くの事業者がe-Tax等を通じたオンラインでの法定調書の提出を積極的に行っていただきたい旨の発信がなされています。

【4】適用関係

　本改正は、令和9年1月1日以後に提出すべき法定調書等について適用されます（令6改正法附則5）。

　この猶予期間は、平成23年度税制改正や平成30年度税制改正の際と同様の猶予期間となっています。つまり、本改正が初めて適用されるのは令和9年ですが、その際に判定基準となるのは令和7年の法定調書の提出枚数であるということに留意する必要があります。

2．e-TaxのGビズIDとの連携

【1】改正前の制度の概要・趣旨

　現在、e-Taxにログインする際には、e-TaxのID及びパスワードを入力し、ログインすることが必要です。そのため、他のシステムとは別にID及びパスワードの管理を行う必要があります。

　また、申請等を実施する場合には、なりすましや改ざんが行われていないことを確認し、また代表者の名義に基づく申請であることを確認するため、電子

署名及び電子証明書の添付が必要とされています。

【2】改正の背景

　「税務行政のデジタル・トランスフォーメーション―税務行政の将来像2023―（令和5年6月23日）」にも記載のある通り、国税庁においては税務行政のDX推進を進めており、その一環としてe-Taxの利便性向上、利用拡大が図られています。

　また、規制改革実施計画（令和4年6月7日）においても「情報連携基盤の整備」の一環として、GビズID（法人共通認証基盤）とe-Taxの連携について、財務省がデジタル庁と連携の上必要な措置を講じることが記載されています。

　これらの背景から、e-Taxの利便性向上を図るため、令和6年度税制改正において本改正が実施されることとなりました。

【3】改正内容

　令和6年度税制改正の内容は、次の通りです。

①　e-TaxのID及びパスワードを入力する代わりに、GビズIDによる認証を行うことにより、e-Taxにログインすることが可能となります。

②　①に記載の通りGビズIDによりログインをした場合には、既にログイン段階で一定レベルの認証が行われていることから、申請等の実施の際の電子署名・電子証明書の添付が不要になります。

　まず、①により、e-TaxのID及びパスワードを個別に管理する必要性がなくなり、GビズIDにて一元管理することが可能になります。また、②によって電子署名・電子証明書の添付を省略することができ、申請時の事務手間の削減につながります。さらに、従来電子署名・電子証明書の利用には費用がかかる等の理由により、これまで電子署名及び電子証明書の添付が必須であるe-Taxを経由した申請等を実施していなかった企業においても、②によりe-Taxの利用開始が容易になり、e-Tax利用のさらなる拡大、税務行政のDX化の進展が期待されます。

【Gビス ID を用いて法人が e-Tax で行う申請等のイメージ】

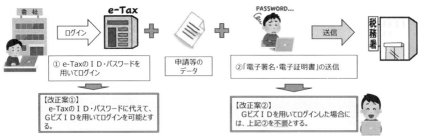

（注）国税庁のサーバ署名により、申請等における改ざん防止措置を運用上講ずる。

（出典：財務省資料73頁より）

なお、G ビズ ID には、

① gBizID エントリー

② gBizID プライム

③ gBizID メンバー

の３種類が存在します。

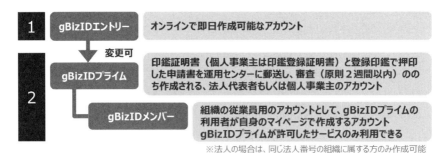

（gBizID ホームページ　G ビズ ID クイックマニュアル gBizID プライム編より）

　今回、大綱においては、利用可能な G ビズ ID の種類は、「一定の認証レベルを有するものに限る。」と記載されています。この大綱の記載から判断すると、利用可能な G ビズ ID の種類には、必ずしも② gBizID プライムに限らず、③ gBizID メンバーも含まれる余地が残されているものと考えられますが、今後の関係省庁における検討・明確化が待たれます。

　なお、仮に gBizID メンバーの利用が可能になれば、部署ごとに gBizID メンバーの ID を振り出すことで、将来的には、従来、経済界より要望されていた、内部統制の仕組みに沿った社内の部署ごとの ID 取得・業務範囲の限定も実現できる可能性があり、今後の財務省・国税庁・デジタル庁を中心とした検討に期待がかかります。

【4】適用関係

　本件については、規制改革実施計画（令和4年6月7日）内において「令和4年度から取組を開始し、可能なものから順次措置」とされています。一方、令和6年度与党税制改正大綱においては、適用開始日についての記載はありません。このため、実際の導入時期については、デジタル庁主務省令によるGビズ ID の法的規定や関連税制法令の改正、今後のシステム改修等のスケジュール等を踏まえて対応がなされるものと想定されます。前述の gBizID メンバーの取り扱いと同様に、今後の関係省庁からの公表資料等による明確化が待たれます。

3．　処分通知等の電子交付の拡充

【1】改正前の制度の概要・趣旨

　改正前の制度においては、処分通知等を受領する場合には、通知書等の書面により受領をすることが基本とされており、また一部の通知については e-Tax を経由し電子的に受領することが可能とされています（情報通信技術活用法7①）が、その場合、申請時にその希望を出す必要があります。

【2】改正の背景

　上記【1】で述べた通り、e-Tax において電子的に受領することができる通知は限られており、また書面で受領する場合には、事業者側は担当者が出社し、実際に書面を確認することが必要になるなど、ペーパーレス、電子化の推進の上では課題となっていました。

　そこで、与党の令和5年度税制改正大綱において、e-Tax の利便性向上及び

1　①所得税の予定納税額通知書、②加算税の賦課決定通知書、③クラウドの認定等に係る通知、④国税還付金振込通知書、⑤消費税適格請求書発行事業者の登録に係る通知、⑥更正の請求に係る減額更正等の通知、⑦住宅ローン控除証明書、⑧納税証明書、⑨電子申請等証明書の9手続に限定。

税務手続きのデジタル化の推進を図る観点から、国税庁の新たな基幹システム（改訂版 e-Tax）の導入時期に合わせ、処分通知のさらなる電子化を進めるということが記載され、この度、与党の令和6年度税制改正大綱において詳細が記載されました。

【3】改正内容

今回の税制改正により、法令上定められている全ての国税関係の処分通知等について、e-Tax により受領することが可能になります。

改正前のシステムにおいては、e-Tax によって処分通知等を電子的に受領することを希望する場合には、処分通知等に係る申請等を行う際に併せて同意を行うこととされています。

一方で、本改正後には、処分通知等を受領する事業者側は、処分通知の種類ごとに電子的に受領するか否かを選択するのではなく、全ての処分通知等を一括して電子的に受領するか否かについて意思表示を e-Tax 上で行うこととなる見通しであり、処分通知等の種類ごとに個別に電子的に受領するか否かを決定することはできないこととなるものと思われます。

また、処分通知等を電子的に受領する場合、その通知の効力の発生は e-Tax へ処分通知等が格納された段階で効力が発生する（情報通信技術活用法7③）ことから、納税者の不利益とならないよう、処分通知が e-Tax のアカウントに届いた際に、納税者の処分通知の見落としを防止する必要があります。そのため、改正前は任意となっているメールアドレスの登録を改正後に必須としたうえで、e-Tax に処分通知等が格納された際に、事前に登録したメールアドレスに通知が届く仕組みとなる見通しです。

ただし、これらの処分通知が格納されるのは、e-Tax 内のメッセージボックスではなく通知書一覧のページとなる見通しです。e-Tax 内のメッセージボックスについては、令和元年5月より共通フォルダ以外にも個別のフォルダを設定し、それぞれフォルダごとにパスワードをかける機能が実装されています。一方で、今回処分通知が格納される見通しの通知書一覧には、メッセージボックスと同様の機能が備わっていないため、部署ごとに確認可能な通知を制限できないなど、企業の内部統制の観点からは課題が残っています。

【処分通知等の電子交付（イメージ）】

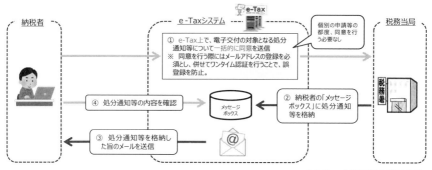

（出典：財務省資料74頁）

【4】適用開始日

　本改正は、令和8年9月24日から施行されます。

　これは、国税庁から発表されている次世代システムの導入が令和8年度に予定されていることから、その稼働日を念頭に施行日が設定されているためであると考えられます。

4．地方公金に係る eLTAX 経由での納付

【1】改正前の制度の概要・趣旨

　改正前の地方公金収納においては、地方公共団体側が書面による納付書を発行し、その納付書を納付者が指定金融機関等に持ち込んで処理をすることで納付をする、という対応がなされています。

　しかし、このように書面を取り扱うには、納付者においては自ら指定金融機関等に赴く必要があり、金融機関においては納付済通知書の仕分け・各地方公共団体への発送などの対応が必要となり、各地方公共団体においてはそのデータ化・突合といった作業が必要となるなど、多大な事務負担が必要となります。

【2】改正の背景

　同様に多大な事務負担が必要となっていたものに、地方公共団体が所管する地方税の納付業務がありますが、地方税納付の電子化は地方公金納付の電子化に先行しています。具体的には、令和3年の規制改革実施計画（令和3年6月18日）にて地方税用 QR コードの統一規格に取りまとめられ、令和5年4月1

日より地方税4税（固定資産税、都市計画税、自動車税種別割及び軽自動車税種別割）において地方税統一QRコード（以下、eL-QRという）が導入されています（地規24の43①二）。地方公共団体への公金納付のデジタル化に係る実務検討会（第1回）（令和5年6月8日）における一般社団法人全国銀行協会提出資料によれば、eL-QRが導入された地方税4税における効果は非常に大きく、4税以外のeL-QR未導入の地方税や、税以外の公金納付の場面においても適用拡大が求められていました。また、同検討会の議事概要からは意見交換の内容として、eL-QRの付されていない納付書の処理については、地方公共団体が指定金融機関に支払う手数料が一律に引き上げられる見込みである旨が記載されており、地方公共団体の財政的な側面から見ても、旧来の納付書による納付が大きな課題であることがうかがえます。

こうした背景から、公金収納業務の電子化が求められており、令和4年の規制改革実施計画（令和4年6月7日）においては、デジタル庁と総務省が共同で地方公共団体の公金納付のデジタル化の在り方について検討を行う体制を立ち上げることとされました。その翌年である令和5年の規制改革実施計画（令和5年6月16日）においては地方公共団体が公金納付にeLTAXを活用を可能にするため、令和6年通常国会において所要の立法措置を講じ、遅くとも令和8年9月までにeLTAXを活用した公金収納を開始することが取り決められています。

これらを受けて、令和6年度税制改正においては、公金収納業務にeL-QRが導入されることについて、法的な整備が行われることとなりました。

【3】改正内容

改正前は、eLTAXを所管する地方税共同機構が収納を行うことができるのは地方税のみとなっています（地法761他）ので、本税制改正により、地方税共同機構の業務に公金収納事務が追加され、eLTAXを通じた電子納付の対象に地方税以外の地方公金が追加されることになります。

本改正後は、いずれの地方公共団体においても、相当量の取扱件数がある公金である国民健康保険料等や、その性質上、当該地方公共団体の区域外にも納付者が広く所在する公金である道路占用料等の公物の占有に伴う使用料としての性質を有する公金について、全国共通でeLTAXを活用した納付が可能とな

ります。また、それ以外の地方公共団体の普通会計に属する全ての公金、並びに公営事業会計に属する公金のうちの水道料金、下水道使用料についても、地方公共団体の判断によりeLTAXを活用した納付が可能となります。

　具体的には、今後発行される地方公共団体の公金納付書にeL-QRが付されることになります。納付者はそれを自ら読み取ることで、eLTAX経由でキャッシュレス納付をすることが可能になります。また、納付書が指定金融機関に持ち込まれた場合においても、その納付書を処理する指定金融機関や、その納付情報を受け取る地方公共団体側においても、既に導入されている地方税4税と同様に、大幅な事務作業の業務改善が見込まれます。

【eLTAXを通じた電子納付（イメージ）】

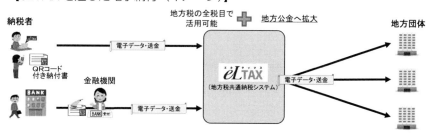

（出典：総務省資料42頁）

　一方で、「地方公共団体への公金納付のデジタル化に向けた取組の実施方針について」（令和5年10月6日）においては、さらなる利便性向上のため、エンドツーエンドでのデジタル完結を実現するための所要の措置の検討について記述されています。つまり、将来的には全面的な電子化の実現が目標とされており、令和6年度改正において公金収納に導入されるeL-QRはあくまでその第1歩であると思われます。特に納付処理件数の多い法人においては、公金納付の全面電子化は事務負担の削減に大きな意義があるため、今後の検討が期待されるところです。

【4】適用関係

　令和6年度税制改正大綱においては、「上記の改正は、地方自治法の一部を改正する法律（仮称）の施行の日から適用する。」と記載をされているものの、前述の令和5年実施方針によれば、eLTAXや各地方公共団体のシステム対応

の都合もあり、eLTAXを活用した公金納付の電子化の導入時期は、令和8年9月とされています。

　今後、予定されているスケジュール通りに導入されることが期待されます。

（大川　充穂）

５．　第二次納税義務の整備

【1】改正前の制度の概要

　第二次納税義務の制度は、納税者の財産につき滞納処分を執行してもなお徴収すべき国税に不足すると認められる場合において、一定の要件を満たす特定の第三者に対して補充的に納税義務を負わせることにより、国税の徴収確保及び徴収手続の合理化を図るために認められているもので、次のものが第二次納税義務を負うこととされています。

(1)　無限責任社員、清算人、残余財産の受配者（国税徴収法33、34）

(2)　滞納者の出資している同族会社（国税徴収法35）

(3)　所得又は対価の実質的帰属者、共同的な事業者、人格なき社団等の財産の法律上の名義人（国税徴収法36、37、41）

(4)　事業を譲り受けた特殊関係者、無償又は著しい低額の譲受人等、人格なき社団等の財産の払戻し又は分配を受けた者（国税徴収法38、39、41）

【2】改正の背景

　法人の代表者等が不正申告を行い、法人の財産を散逸させて納税義務を免れる事例等が把握されていることを踏まえ、不正申告を行った法人の代表者等に対する徴収手続を整備することになりました。

【3】改正の内容

(1)　偽りその他不正の行為により国税を免れた株式会社の役員等の第二次納税義務（国税徴収法40）

　　下記①の場合に、徴収不足であると認められるときは、下記②のものがその滞納に係る国税の第二次納税義務を負うこととされます。

　①　偽りその他不正の行為（下記イ参照）により国税を免れ、又は国税の還付を受けた株式会社、合資会社又は合同会社（下記ロ参照）がその国税（その附帯税を含みます。）を納付していない場合

イ　偽りその他不正の行為

　国税通則法70条5項に「偽りその他不正の行為」との記載があり、その解釈としては、「税額を免れる意図の下に、税の賦課徴収を不能又は著しく困難ならしめるような何らかの偽計その他の工作を伴う不正な行為を行っていることをいい、例えば、虚偽の収支計算書の提出、二重帳簿の作成、正規の帳簿への虚偽記入等特別の工作を行うことが、偽計その他の工作を伴う不正な行為に該当することはもちろんのこと、真実の所得を秘匿し、それが課税の対象となることを回避するため、所得金額をことさらに過少にした内容虚偽の申告書を提出し、正当な納税義務を過少にしてその不足税額を免れる行為、いわゆる過少申告行為も含まれる」とされています（平13.8.24裁決）。

ロ　株式会社、合資会社又は合同会社（以下「株式会社等」といいます。）

　株式会社等は、下記②の役員等を判定の基礎となる株主等として選定した場合にその株式会社等が被支配会社（下記ハ参照）に該当する場合に限ります。そのため、被支配会社のいない一般社団法人等は除かれています。

ハ　被支配会社

　被支配会社とは、1株主グループの所有株式数が会社の発行済株式の50％を超える場合等におけるその会社をいいます。

② 対象者

　その株式会社の役員又はその合資会社若しくは合同会社の業務を執行する有限責任社員が対象になります。そのため、無限責任社員しかいない合名会社の役員や合同会社の無限責任社員は除かれています（前述のように無限責任社員は改正前から第二次納税義務を負う場合があります。）。

③ 限度額

　下記のいずれか低い額となります。

イ　その偽りその他不正の行為により免れ、若しくは還付を受けた国税の額

ロ　株式会社等の財産のうち、その役員等が移転を受けたもの（※1）及びその役員等が移転をしたもの（※2）の価額

※1　例えば、役員報酬や役員等への債務の返済などが考えられます。
　　　なお、役員賞与については、国税徴収法39条にいう無償譲渡と認めて第二次納税義務を認めた事例（昭49.9.27裁決）があります。
※2　通常の取引の条件に従って行われたと認められる一定の取引として移転をしたものを除きます。

④　地方税の対応

地方団体の徴収金についても同様の措置が講じられます。

⑤　無限責任社員の第二次納税義務との比較

第二次納税義務者	無限責任社員	被支配会社の株主会社の役員 有限責任社員
対象税金	滞納額全額	偽りその他不正行為による滞納額
限度額	滞納処分により徴収することができる滞納に係る国税	その役員等が移転を受けたもの及び移転をしたものの価額

(2)　第二次納税義務により納付した損失の額の損金不算入（新法法39）

　　合同会社の場合には、個人でなく他の法人が有限責任社員に就任することができます。

　　有限責任社員である法人が第二次納税義務者としてその偽りその他不正の行為により免れ、又は還付を受けた国税又は地方税を納付し、又は納入したときは、その納付し、又は納入したことにより生じた損失の額は、損金算入されません。

　　例えば、子会社が不正に還付を受け、子会社への貸付金を回収した後、その子会社を清算した場合に、その後、親会社が第二次納税義務により子会社の国税を納税しても、損金不算入になります。

会社形態	株式会社	合資会社	合同会社
構成	有限責任社員のみ	有限責任社員と無限責任社員	有限責任社員のみ
法人が役員	なれない	なれる	なれる

(3)　事業を譲り受けた特殊関係者の第二次納税義務（国徴38）における生計を一にする親族その他の特殊関係者の判定時期等についての見直し

　事業の譲受人が、納税者が生計を一にする親族その他納税者と特殊な関係のある個人又は被支配会社に該当するかどうかの判定は、原則として、譲渡契約書等において当事者が事業譲渡の効力発生時として定めた時によります。

　改正前の判定時期は、主たる納税者が個人である場合には事業譲渡の契約がされた時と、主たる納税者が法人である場合には事業譲渡についての株主総会等の特別決議等があった時とされています。

	改正前	改正後
個人	事業譲渡の契約がされた時	譲渡契約書等において当事者が事業譲渡の効力発生時として定めた時
法人	事業譲渡についての株主総会等の特別決議等があった時	

【4】適用関係

　上記【3】(1)及び(2)の改正は、令和7年1月1日以後に滞納となった一定の国税について適用されます。

　上記【3】(3)については、令和5年12月に、電子政府の総合窓口 e-Gov ポータルサイト（意見募集中案件）で「「『第二次納税義務関係事務提要の制定について』の一部改正について」（事務運営指針）に対する意見募集について」で公表された内容であり、適用時期は未定です。

（鈴木　達也）

VI　その他の措置法の改正

1．パーシャルスピンオフ税制の4年延長

【1】改正前の制度の概要

　法人税法上の適格組織再編成に該当するスピンオフにおいては、スピンオフを行う法人の株式の譲渡損益課税やスピンオフを行う法人の株主が受ける配当の課税は行われませんが、スピンオフを行う法人に完全子法人の持分（株式）を一部残す場合には課税が行われます（法法2十二の十五・十二の十五の三、23①一、24①三、61の2⑧・⑰）。

　これについて、令和5年度税制改正では、事業切出しの手法の一つであるスピンオフにつき、段階的に事業を切り出そうとする法人などが活用できるように、スピンオフを行う法人に完全子法人の持分（株式）を一部残す場合についても、産業競争力強化法の事業再編計画の認定を前提に、スピンオフの実施を円滑化するために適格株式分配に該当するものとして課税を行わないこととする改正が行われました。

　具体的には、租税特別措置法68条の2の2（認定株式分配に係る課税の特例）において、令和5年4月1日から令和6年3月31日までの間に産業競争力強化法の事業再編計画の認定を受けた法人が同法の特定剰余金配当として行う現物分配で完全子法人の株式が移転するものは、株式分配に該当することとし、その現物分配のうち次の要件に該当するものは、適格株式分配に該当することとされています（所得税においても同様です。）。

(1)　その法人の株主の持株数に応じて完全子法人の株式のみを交付するものであること。

(2)　その現物分配の直後にその法人が有する完全子法人の株式の数が発行済株式の総数の20%未満となること。

(3)　完全子法人の従業者のおおむね90%以上がその業務に引き続き従事することが見込まれていること。

(4)　適格株式分配と同様の非支配要件、主要事業継続要件及び特定役員継続要件を満たすこと。

(5)　その認定に係る関係事業者又は外国関係法人の特定役員に対して新株予約権が

> 付与され、又は付与される見込みがあること等の要件を満たすこと。

　改正前は、ソニーグループがこの制度を適用して金融事業をスピンオフする検討を始めたとのことですが、パーシャルスピンオフを選択する理由として、「スピンオフの実行後も、同事業が社名を含むソニーブランドの活用と、ソニーグループ各社とのシナジー創出を継続できるよう、当社が一部の株式（20％弱）を保有する前提で検討する。」とされています（ソニーグループ株式会社の2023年度経営方針説明会（2023年5月18日））。

【2】改正の内容と改正趣旨

⑴　改正の概要

　パーシャルスピンオフ税制について、一定の見直しを行った上、その適用期限を4年延長することとされます。

⑵　改正趣旨

　大企業発のスタートアップの創出や企業の事業ポートフォリオの最適化をさらに促進することにより、我が国の企業・経済の更なる成長を図ることが喫緊の課題とし、事業再編は検討から完了まで数年間を要することを踏まえ、制度の予見可能性や利便性を向上するため、1年間の時限措置であったパーシャルスピンオフ税制の適用期限を延長するとともに、所要の措置を講ずることとされます。

⑶　改正の具体的内容

　パーシャルスピンオフ税制は、令和6年4月1日から令和10年3月31日までの間に産業競争力強化法の事業再編計画の認定を受けた法人が同法の特定剰余金配当として行う現物分配で完全子法人の株式が移転するものは、株式分配に該当することとし、その現物分配のうち次の要件に該当するものは、適格株式分配に該当することとするものですが、令和6年度税制改正により、認定株式分配が適格株式分配に該当するための要件に、その認定株式分配に係る完全子法人が主要な事業として新たな事業活動を行っていることとの要件が追加され、対象がスタートアップ事業に限られることとなります。

> ⑴　その法人の株主の持株数に応じて完全子法人の株式のみを交付するものであること。

(2)　その現物分配の直後にその法人が有する完全子法人の株式の数が発行済株式の総数の20％未満となること。

(3)　完全子法人の従業者のおおむね90％以上がその業務に引き続き従事することが見込まれていること。

(4)　適格株式分配と同様の非支配要件、主要事業継続要件及び特定役員継続要件を満たすこと。

(5)　その認定に係る関係事業者又は外国関係法人の特定役員に対して新株予約権が付与され、又は付与される見込みがあること等の要件を満たすこと。

(6)　**認定株式分配に係る完全子法人（次の図の B 社）が主要な事業として新たな事業活動を行っていること（令和 6 年度税制改正による追加要件）。**

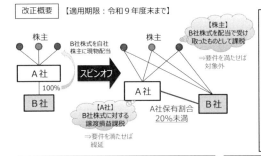

（3－4）スピンオフの実施の円滑化のための税制措置の拡充及び延長　拡充・延長
（所得税・法人税・法人住民税・個人住民税・事業税）

- 大企業発のスタートアップの創出や企業の事業ポートフォリオの最適化をさらに促進することにより、我が国企業・経済の更なる成長を図ることは喫緊の課題。
- 事業再編は検討から完了まで数年間を要することも踏まえ、制度の予見可能性や利便性を向上するため、**パーシャルスピンオフ税制**※の適用期限を**4年間延長する**とともに、**所要の措置を講ずる**。
  ※ 元親会社に一部持分を残すパーシャルスピンオフ（株式分配に限る）について、一定の要件を満たせば再編時の譲渡損益課税を繰延べ、株主のみなし配当に対する課税を対象外とする特例措置。

改正概要　【適用期限：令和9年度末まで】

主な適用要件

① スピンオフ後にA社が保有するB社株式が**発行済株式の20％未満**であること

② スピンオフ後にB社の**従業者のおおむね90％以上**が、その業務に引き続き従事することが見込まれること

③ A社が産業競争力強化法の事業再編計画の認定を受けていること

－ B社の**主要な事業として新たな事業活動を行っていること**

－ B社の役員に対する**ストックオプションの付与**等の要件を満たすこと　　　　等

事業再編計画の認定要件の見直し

事業再編計画の既存の認定要件に加え、「B社の主要な事業として新たな事業活動を行っていること」を必須要件とする。

認定を行った事業再編計画の公表時期の見直し

認定を行った事業再編計画について、「原則認定日に公表」としていたが、「計画の開始日までに公表」という運用方針に改めることとする。

（出典：経済産業省「令和6年度（2024年度）経済産業関係　税制改正について」33頁）

　また、主務大臣による認定事業再編計画の内容の公表時期について、その認定の日からその認定事業再編計画に記載された事業再編の実施時期の開始の日（改正前：認定の日）までとされます。

【3】適用期間

　上記【2】の改正は、令和6年4月1日から令和10年3月31日までの間に産

業競争力強化法の事業再編計画の認定を受けた法人が特定剰余金配当として行う現物分配で完全子法人の株式を移転するものに適用されます。

（阿部　隆也）

2.　中小企業者等の少額減価償却資産の損金算入特例

【1】改正前の制度の概要

　法人が取得し、事業の用に供した減価償却資産のうち、その取得価額が一定の金額未満の資産については、次の表のとおり、通常の減価償却を行うのではなく、その事業の用に供した日の属する事業年度の所得の金額の計算上、損金経理を要件に、取得価額の全額（一括償却資産に該当する場合には、3年間の均等償却相当額）を損金の額に算入することとされています。

　なお、令和4年度税制改正により、令和4年4月1日以後は、これらの対象となる減価償却資産から貸付け（主要な事業として行われるものを除きます。）の用に供したものが除かれています。

	制度	取得価額 （※）	償却方法	対象者
①	少額の減価償却資産の取得価額の損金算入（法令133）	10万円未満	全額損金 （即時償却）	全事業者
②	一括償却資産の損金算入 （法令133の2）	20万円未満	3年間で1/3づつ償却 （残存価額ゼロ）	
③	中小企業者等の少額減価償却資産の損金算入の特例（措法67の5）	30万円未満	全額損金（即時償却） （一事業年度合計300万円に達するまで）	中小企業者等

（※）　取得価額は、通常1単位として取引されるその単位ごとに判定します。

　このうち、③の中小企業者等における「少額減価償却資産の損金算入の特例制度」は、租税特別措置法上の特例であり、適用対象法人は、青色申告書を提出している中小企業者（注1）又は農業協同組合等（注2）（以下「中小企業者等」といい、常時使用する従業員数が500人以下の法人に限ります。）とされ、平成18年4月1日から令和6年3月31日までの間に取得又は製作若しくは建設し、かつ、事業供用した30万円未満の減価償却資産に該当するもの（その取得

価額が10万円未満であるもの及び一括償却資産の損金算入の適用を受けるものを除きます。以下「少額減価償却資産」といいます。）に適用があることとされています（措法67の5、措令39の28）。

　この「少額減価償却資産の損金算入の特例制度」について、対象法人が中小企業者等に該当するかどうかの判定は、原則として、その少額減価償却資産の取得等をした日及び事業の用に供した日の現況によるものとされ、通算法人、前3事業年度の平均所得が年15億円を超える法人等は、適用対象外とされています。

（注1）　中小企業者の範囲

　　　　この制度における中小企業者の範囲は、租税特別措置法の研究開発税制に規定する中小企業者（措法42の4⑲七、措令27の4⑰）と同様とされており、次の1及び2に掲げる法人とされています。ただし、通算法人、前3事業年度の平均所得が年15億円を超える法人等は、対象から除外されています。

　　　1　資本金の額又は出資金の額が1億円以下の法人のうち、次のアからウまでに掲げる法人以外の法人（受託法人を除きます。）

　　　　　ア　その発行済株式・出資（自己の株式・出資を除きます。）の総数又は総額の1／2以上を同一の大規模法人に所有されている法人

　　　　　イ　上記アのほか、その発行済株式・出資の総数等の2／3以上を複数の大規模法人に所有されている法人

　　　　　ウ　一定の他の通算法人

　　　2　資本又は出資を有しない法人のうち、常時使用する従業員数が1,000人以下の法人（受託法人及びその法人が通算親法人である場合における上記1アに掲げる法人を除きます。）

（注2）　農業協同組合等の範囲

　　　　農業協同組合等とは、農業協同組合、農業協同組合連合会、中小企業等協同組合、出資組合である商工組合及び商工組合連合会、内航海運組合、内航海運組合連合会、出資組合である生活衛生同業組合、漁業協同組合、漁業協同組合連合会、水産加工業協同組合、水産加工業協同組合連合会、森林組合並びに森林組合連合会をいいます（措法42の4⑲九）。

【2】改正の背景及び内容

　令和5年10月から導入されている消費税のインボイス制度によって企業における事務負担が増加していることから、少額の償却資産の管理などの事務負担の軽減及び事務処理能力・事務効率の向上を図るという観点から、上記【1】

③の中小企業者等における「少額減価償却資産の損金算入の特例制度」につい
て、次の改正が行われます。

(1)　適用期限の延長

　その適用期限が２年間延長され、中小企業者等が令和８年３月31日までの間
に取得又は製作若しくは建設し、かつ、事業供用した少額減価償却資産につい
て、この特例が適用されます。

(2)　適用対象法人からの除外

　適用対象法人から、農業協同組合等のうち、法人税の電子申告義務の対象と
なる法人（事業年度開始の時において出資金の額が１億円を超えるもの）で、
常時使用する従業員数が300人を超えるものを除くこととされています。

(※)　令和６年度税制改正大綱（87頁）において、「対象法人から電子情報処理組織
　　を使用する方法（e-Tax）により法人税の確定申告書等に記載すべきものとされ
　　る事項を提供しなければならない法人のうち常時使用する従業員の数が300名を
　　超えるものを除外」とされており、この「少額減価償却資産の損金算入の特例
　　制度」の適用対象とされていた中小企業者等のうち、電子申告義務の対象とな
　　る法人（事業年度開始の時において資本金の額又は出資金の額が１億円を超え
　　る法人）は、「事業年度開始の時において出資金の額が１億円を超える農業協同
　　組合等」ということとなります。

　したがって、改正後の資本金等の額及び従業員数に関する適用対象範囲は、
次のとおりとなります。

法人の区分	資本金等の額	常時使用従業員数	適用
中小企業者	１億円以下	500人以下	○
		500人超	×
	１億円超	―	×
農業協同組合等	１億円以下	500人以下	○
		500人超	×
	１億円超	300人以下	○
		300人超	×

　※　網掛け部分が、改正により追加となる区分です。

【3】 適用関係

　上記【2】⑵の改正は、令和6年4月1日以後に開始する事業年度から適用
されます。

3. 欠損金の繰戻還付制度の不適用の2年延長

【1】 改正前の制度の概要

　法人の青色申告書である確定申告書を提出する事業年度において欠損金額が
生じた場合（以下、この事業年度を「欠損事業年度」といいます。）に、その
欠損金額をその欠損事業年度開始の日前1年以内に開始したいずれかの事業年
度（以下「還付所得事業年度」といいます。）に繰り戻して法人税額の還付を
請求することができる制度が措置されています（法法80、144の13）。

　還付請求できる法人税相当額は、次の算式により計算され、法人は、欠損事
業年の青色申告書と同時に、所轄税務署長に対し、欠損金の繰戻しによる還付
請求書を提出することとされています。

【還付金額の計算】

$$還付金額 = 還付所得事業年度の法人税額 \times \frac{欠損事業年度の欠損金額（※）}{還付所得事業年度の所得金額}$$

（※）　還付金額の計算の基礎として還付請求書に記載した金額を限度とし、分母の
　　　金額を超える場合には分母の金額

　ただし、この制度は、解散事業年度、災害損失欠損金がある事業年度等の一
定の事業年度を除き、中小企業者（注）以外の法人については、平成4年4月
1日から令和6年3月31日までの間に終了する各事業年度において生じた欠損
金額について、適用しないこととされています（措法66の12①）。

（注）　この制度における中小企業者とは、次の①から④までの法人をいいます。
　　　①　普通法人（投資法人、特定目的会社、受託法人を除きます。）のうち、各事
　　　　業年度終了の時において資本金の額若しくは出資金の額が1億円以下である
　　　　もの（大法人との間にその大法人による完全支配関係がある普通法人、みな
　　　　し大法人、相互会社・外国相互会社及び大通算法人を除きます。）
　　　②　公益法人等又は協同組合等
　　　③　法人税法以外の法律によつて公益法人等とみなされているもので政令で定
　　　　めるもの

　　④　人格のない社団等

【2】改正の内容

　上記の中小企業者以外の法人における繰戻還付制度の不適用措置については、その適用期限が２年間延長されます。

　したがって、引き続き、中小企業者以外の法人については、解散事業年度等の一定の事業年度を除き、令和８年３月31日までの間に終了する各事業年度における欠損金の繰戻還付制度の適用はないこととなります。

（新沼　潮）

消費税関係の改正

1．インボイス制度開始後の実務上の問題点

【1】インボイス制度の概要

　適格請求書等保存方式、いわゆるインボイス制度が令和5年10月1日に開始されました。制度開始後は、買手が仕入税額控除の適用を受けるためには、帳簿のほか、売手から交付を受けた「適格請求書」の保存が必要となります。適格請求書とは、売手が買手に対し正確な適用税率や消費税額等を伝えるための手段であり、登録番号のほか、一定の事項が記載された請求書や納品書その他これらに類するものをいう、とされています。

　適格請求書及び適格簡易請求書の記載事項は下記の通りです。

■適格請求書

①　適格請求書発行事業者の氏名又は名称及び登録番号

②　取引年月日

③　取引内容（軽減税率の対象品目である旨）

④　税率ごとに区分して合計した対価の額（税抜き又は税込み）及び適用税率

⑤　税率ごとに区分した消費税額等

⑥　書類の交付を受ける事業者の氏名又は名称

■適格簡易請求書

①　適格請求書発行事業者の氏名又は名称及び登録番号

②　取引年月日

③　取引内容（軽減税率の対象品目である旨）

④　税率ごとに区分して合計した対価の額（税抜き又は税込み）

⑤　税率ごとに区分した消費税額等又は適用税率

　上記の記載事項を満たさない請求書等を受領しても、買手は仕入税額控除の適用を受けることができません。ここで、記載事項に軽微な不備がある場合どのように対応すべきか、登録番号が適正なものかを一つ一つ確認する必要があ

るのか、などの疑問が生じています。

【2】制度開始後の留意事項・定着にむけた取組

　内閣官房ホームページ「適格請求書等保存方式の円滑な導入等に係る関係府省庁会議」（https：//www.cas.go.jp/jp/seisaku/tekikaku_seikyusyo/index.html）の第3回（令和5年8月25日）議事のうち、国税庁説明資料として「インボイス制度の周知広報の取組方針等について（国税庁）」が公表され、インボイス制度への登録や制度開始後の留意事項、制度定着に向けた取組などが示されています。

⑴　受領したインボイスの適正性の確認

　受領した適格請求書について、登録番号が適正なものか確認する必要があるか否かについて、上記の国税庁説明資料ではインボイスの適正性について「事業者においてご確認いただく必要があります」としています。ただし、全ての取引の都度確認が必要となるのではなく、新規取引先との取引は確認することや、継続的に取引がある企業との取引は（制度開始時に1度確認して）都度の確認はしないことなどを具体例としてあげて、取引先との関係性や継続性を踏まえて判断することになるとしています。

　登録番号の適正性を確認するには、①国税庁「適格請求書発行事業者公表サイト」で登録番号を入力して検索するか、②同サイトにて公表情報データをダウンロードして確認する、③売手の登録通知書の提示を求めて確認する方法が考えられます。ここで、継続的に取引のある取引先はともかく、たまたま利用した飲食店やコンビニエンスストアなどのインボイスまでも、登録番号を全て確認することは実務上困難であると考えます。AI-OCRの活用などにより仕訳の自動入力を行うシステムでは、請求書等の読み取り時に登録番号を識別して公表情報と突合する機能があるものも存在するため、そういったシステムであれば対応が可能かもしれません。

　登録番号の適正性確認をしなかった場合において、もしその登録番号が間違っていたり既に登録が取り消されているときは、仕入税額控除が適用できないことになります。税務調査で指摘があった場合には、消費税の追徴課税が発生し加算税や延滞税が課されることになりますが、全ての取引につき適正性の確認を行う事務負担との費用対効果で実行するか否か検討することになると考

3 インボイス制度の開始に向けて特にご留意いただきたい事項

受領したインボイスの適正性の確認

Q 売手からインボイスを受領したが、登録番号が適正なものか、取引の都度確認する必要があるのか？

| インボイスの適正性（番号が有効かどうか）については、事業者においてご確認いただく必要があります | ただし | 全ての取引の都度、確認が必要となるものではなく、取引先の規模や関係性、取引の継続性などを踏まえ、**事業者においてその頻度等をご判断いただくこととなります** |

取引に入る前の確認も重要です

具体例
・**新規取引先**との取引：**確認する**
・**継続的に取引がある企業**との取引：**都度の確認はしない**
※ 登録を受けた場合、自ら届け出等しない限り有効であり、取消しも課税期間（原則1年）単位でしかできないため、これらも踏まえてご検討ください

※ 少額特例の適用を受ける方や、簡易課税制度や2割特例（インボイス制度を機に免税事業者からインボイス発行事業者になった方について、納税額を売上税額の2割とする特例です）を選択する方については、仕入税額控除にインボイスの保存は不要ですので、上記対応は不要です。

※ 国税庁の「適格請求書発行事業者公表サイト」では、Web-API機能の仕様を公開しており、当該サイトと連携している会計ソフトを利用されている場合には、より効率的な取引先の登録状況の確認が可能です。

えられます。また、登録番号が間違っている場合には、下記(2)の対応になります。

⑵　記載事項の軽微なミスがある場合

　受領した請求書等について、適格請求書としての記載事項が正確に記載されていない場合、基本的には仕入税額控除が適用できません。この点、国税庁説明資料ではインボイス制度後の税務調査の運用について、「これまでも、保存書類の軽微な記載不備を目的とした調査は実施していない」とし、「仮に、調査等の過程で、インボイスの記載事項の不足等の軽微なミスを把握しても、」「インボイスに必要な記載事項を他の書類等で確認する」ことや「修正インボイスを交付することにより事業者間でその不足等を改める、といった対応を行う」としています。

　国税庁長官への日本経済新聞のインタビュー記事（令和5年9月12日）においても、「仕入れ先から受け取ったインボイスに記載事項の不備があった場合でも、納品書や契約書など他の書類で必要事項を確認できれば、仕入れにかかった消費税額の差し引きを認める考えを明らかにした」とされています。インボイス制度のために人員を増やしたりコストをかけたりする余裕がないというところが数多く存在しますし、インボイスに記載事項の不備があるというケースも非常に多いという現実がありますので、インボイス制度の開始に当たって国税庁長官から明らかにされたこの「考え」は、実務において、非常に重要となるものであって、実務家は、決して忘れてはならないものです。

4　制度の定着に向けた取組

インボイス制度後の税務調査の運用について

○　これまでも、保存書類の軽微な記載不備を目的とした調査は実施していない。
・　従来から、大口・悪質な不正計算が想定されるなど、調査必要度の高い納税者を対象に重点的に実施。

○　仮に、調査等の過程で、インボイスの**記載事項の不足等の軽微なミス**を把握しても、
・　インボイスに必要な記載事項を**他の書類等**※で確認する、
　※　相互に関連が明確な複数の書類を合わせて一のインボイスとすることが可能。
・　**修正インボイス**を交付することにより事業者間でその不足等を改める、といった対応を行う。

○　まずは**制度の定着**を図ることが重要であり、**柔軟に対応**していく。

　また、記載事項に不備があった場合には、売手は修正した適格請求書を買手に交付しなければならないこととされており、買手においては、追記や修正を行うことは認められていませんが、国税庁が公表している「お問合せの多いご質問（令和5年12月15日更新）」の多く寄せられるご質問の問⑥において、下記の通り買手による適格請求書の修正による対応が示されています。

（買手による適格請求書の修正）

問⑥　取引先から受領した適格請求書の記載事項に誤りがありました。この場合、取引先から修正した適格請求書の交付を受けなければならないと思いますが、例えば、取引先に電話等で修正事項を伝え、取引先が保存している適格請求書の写しに同様の修正を行ってもらえば、自ら修正を行った適格請求書の保存で仕入税額控除を行ってもよいでしょうか。

【答】
　売手である適格請求書発行事業者は、交付した適格請求書、適格簡易請求書又は適格返還請求書（電磁的記録により提供を行ったものも含みます。）の記載事項に誤りがあったときは、買手である課税事業者に対して、

　修正した適格請求書、適格簡易請求書又は適格返還請求書を交付しなけれ
ばならないこととされており、買手においては、追記や修正を行うことは
認められていません。

　ただし、買手が作成した一定事項の記載のある仕入明細書等の書類で、
売手である適格請求書発行事業者の確認を受けたものについても、仕入税
額控除の適用のために保存が必要な請求書等に該当しますので、買手にお
いて適格請求書の記載事項の誤りを修正した仕入明細書等を作成し、売手
である適格請求書発行事業者に確認を求めることも認められます。

　この際、例えば、相互に関連する複数の書類により、仕入明細書等を作
成することも可能であることから、受領した適格請求書と関連性を明確に
した別の書類として修正した事項を明示したものを作成し、当該修正事項
について売手の確認を受けたものを保存することも認められます。

　したがって、ご質問のように、受領した適格請求書に買手が自ら修正を
加えたものであったとしても、その修正した事項について売手に確認を受
けることで、その書類は適格請求書であるのと同時に修正した事項を明示
した仕入明細書等にも該当することから、当該書類を保存することで、仕
入税額控除の適用を受けることとして差し支えありません。

　なお、これらの対応を行った場合でも、売手において当初交付した適格
請求書の写しを保存しなければなりません。また、売手において、売上税
額の積上げ計算を行う場合には、これらの対応により確認を行った仕入明
細書等を適格請求書等の写しと同様の期間・方法により保存する必要があ
ります。

（参考）　仕入明細書等による適格請求書等の誤りの修正についての詳細
　　　　は、「消費税の仕入税額控除制度における適格請求書等保存方式に
　　　　関するQ&Aの問32」を、修正した適格請求書の交付方法の詳細に
　　　　ついては「消費税の仕入税額控除制度における適格請求書等保存式
　　　　に関するQ&Aの問33」を、適格請求書と仕入明細書等を一の書類
　　　　で交付することの詳細については、「消費税の仕入税額控除制度に
　　　　おける適格請求書等保存方式に関するQ&Aの問91」を、仕入明細
　　　　書を受領した場合における売上税額の積上げ計算の詳細については

「消費税の仕入税額控除制度における適格請求書等保存方式に関する Q&A の問121」をそれぞれご参照ください。

　適格請求書の記載の不備があった場合、売手にその適格請求書の修正を求めることが基本ですが、上記のとおり、買手において修正して売手に確認を受ける方法も検討することになるでしょう。それでも、修正を求めても応じてもらえない、不備を理解してもらえない、修正を求めるのが難しいケースも実務としては見受けられます。

　税務職員、税理士、企業の税務担当者は、インボイスの記載事項の不備について、柔軟に対応する必要があるということを常に念頭に置いておく必要があります。

２．　高額特定資産を取得した場合の高額免税点制度等の見直し
【1】改正前の制度・改正の背景
　事業者が、事業者免税点制度及び簡易課税制度の適用を受けない課税期間中に、高額特定資産の課税仕入れまたは高額特定資産に該当する課税貨物の保税地域からの引取り（以下「高額特定資産の仕入れ等」といいます。）を行った場合には、その高額特定資産の仕入れ等の日の属する課税期間の翌課税期間からその高額特定資産の仕入れ等の日の属する課税期間の初日以後３年を経過する日の属する課税期間までの各課税期間においては、事業者免税点制度は適用されません。また、消費税簡易課税制度選択届出書の提出も制限されます。

　棚卸資産として取得した１取引1,000万円以上の金又は白金の地金等は高額特定資産に該当しますが、１取引単位の金額を1,000万円未満に調整することも容易であるため、制度の見直しが行われます。
（注）　高額特定資産とは、一の取引の単位につき、課税仕入れに係る支払対価の額（税抜き）が1,000万円以上の棚卸資産または調整対象固定資産をいいます。

【2】改正の内容
　高額特定資産を取得した場合の事業者免税点制度及び簡易課税制度の適用を制限する措置の対象に、その課税期間において取得した金又は白金の地金等の額の合計額が200万円以上である場合が加えられます（新消法12の4③）。

　本制度は棚卸資産又は調整固定資産が対象であるため、投資目的として購入した場合の金又は白金の地金等については含まれない可能性があり、改正法案の詳細が待たれます。

【3】適用関係

　上記の改正は、令和6年4月1日以後に国内において事業者が行う金又は白金の地金等の課税仕入れ及び保税地域から引き取られる金又は白金の地金等について適用されます。

3．帳簿保存による仕入税額控除の適用を受ける場合の住所等の記載不要

【1】改正前の制度

　課税事業者（簡易課税及び2割特例を選択した事業者を除きます。）が仕入税額控除及び売上対価の返還等の適用を受けようとする場合には、一定の帳簿（仕入税額控除の場合は帳簿および適格請求書等）の保存が要件とされています。

　なお、自動販売機特例又は回収特例のように帳簿のみの保存で仕入税額控除の適用が認められる取引である場合、帳簿の記載事項に関し、通常必要な記載事項に加え、次の事項の記載が必要となります（消法30⑦、消令49①）。

・帳簿のみの保存で仕入税額控除が認められるいずれかの仕入れに該当する旨
・仕入れの相手方の住所又は所在地（一定の者を除きます。）

【2】改正の内容

　一定の事項が記載された帳簿のみの保存により仕入税額控除が認められる自動販売機及び自動サービス機による課税仕入れ並びに使用の際に証票が回収される課税仕入れ（3万円未満のものに限る。）については、帳簿への住所等の記載が不要となります。

※参考（国税庁HPより）
問：今回の見直しは、取扱いの整備（国税庁告示の改正）前においても、運用上「住所又は所在地」の記載を求めないとのことですが、具体的にいつの取引から記載しなくてよいのですか。

答：インボイス制度が実施された令和5年10月1日以降の取引について、帳簿に「住所又は所在地」の記載する必要はありません。

問：**自動販売機で飲料を購入した場合、帳簿に記載する「課税仕入れの相手方の氏名又は名称」及び「特例の対象となる旨」はどのように記帳すればよいでしょうか。**

答：帳簿に記載する「課税仕入れの相手方の氏名又は名称」及び「特例の対象となる旨」は、「自販機」との記載で差し支えありません。
この記載方法に関する取扱いは、今回の見直し前後で変更はありません。

4．国外事業者に係る事業者免税点制度の特例の適用の見直し
【1】改正前の制度
　消費税の納税義務の免除（事業者免税点制度）の特例のうち「特定期間における課税売上高による納税義務の免除の特例」「新設法人に対する納税義務の免除の特例」「特定新規設立法人に対する納税義務の免除の特例」について国外事業者への適用の見直しが行われます。
　各特例の概要は以下の通りです。
　・特定期間における課税売上高による納税義務の免除の特例（消法9の2）
　　基準期間における課税売上高が1,000万円以下であっても、特定期間における国内の課税売上高若しくは所得税の課税対象とされる給与等（居住者分の給与等）の合計額が1,000万円超の場合は、納税義務が免除されません。
　　給与等の支払が非居住者となる国外事業者の場合には、給与等の合計額が1,000万円超であっても消費税の納税義務が免除されることになっています。
　・新設法人に対する納税義務の免除の特例（消法12の2）
　　基準期間がない法人のうち、その事業年度開始の日における資本金の額または出資の金額が1,000万円以上である法人は、その課税期間の納税義務が免除されません。
　　設立2年以上経過している外国法人が日本に進出した場合、資本金の額または出資の金額が1,000万円以上であったとしても基準期間における課税売

上高により納税義務の判定が行われるため、消費税の納税義務が免除されることになっています。

・特定新規設立法人に対する納税義務の免除の特例

　基準期間がない資本金の額または出資の金額が1,000万円未満の法人のうち、当該法人の基準期間に相当する期間における課税売上高が5億円を超える法人により直接又は間接に支配される法人については、その課税期間の納税義務が免除されません。

　国外における収入金額は課税売上高に含まれないため、国外収入が多額であるものの、課税売上高5億円以下である法人が設立した資本金の額又は出資の金額が1,000万円未満の法人は、消費税の納税義務が免除されることになっています。

【2】改正の内容

　対象となる消費税の納税義務の免除の特例の適用について、以下のように改正されます。

・特定期間における課税売上高による納税義務の免除の特例

　国外事業者の特定期間における消費税の納税義務の判定においては、給与支払額を除くこととされます（新消法9の2③）。

・新設法人に対する納税義務の免除の特例

　外国法人は、基準期間を有する場合であっても、国内における事業の開始時における資本金の額又は出資の金額により消費税の納税義務の判定を行うこととされます（新消法12の2③）。

・特定新規設立法人に対する納税義務の免除の特例

　消費税の納税義務の判定に際して、国外分を含む収入金額が50億円超である者が直接又は間接に支配する法人を設立した場合には、当該設立法人は消費税の納税義務が免除されないこととされます（新消法12の3①・④）。

【3】適用関係

　上記の改正は、令和6年10月1日以後に開始する課税期間から適用されます。

（浅野　洋）

５．　国境を越えたデジタルサービスに係るプラットフォーム課税の導入

【1】改正の内容

　本制度の対象となるプラットフォーム事業者（デジタルサービス取引高50億円超）がプラットフォームを介して他の国外事業者のデジタルサービスを課金したときは、そのサービスは当該プラットフォーム事業者が提供したサービスとみなされて消費税を課されることとなります。

【2】適用関係

　令和7年4月1日以後に行われるデジタルサービスから適用されます。

（竹内　陽一）

Ⅷ その他の改正

1. 電子帳簿保存法の実務上の問題点

【1】電子帳簿保存法の概要

　帳簿など税務関係書類の電子化を推進しつつ、納税者自らが記帳を適切に行える環境を整備することが、適正・公平な課税の実現のために必要なことと考えられています（令和6年度税制改正大綱）。

　取引に係るやり取りから会計・税務までデジタルデータで処理することは、納税者側の事務負担の軽減や適正・公平な課税・徴収の実現につながり、そのためには電子帳簿保存法の推進が求められるところです。

　電子帳簿保存法は、税務関係帳簿書類のデータ保存を可能とする制度で、①電子取引、②電子帳簿・電子書類、③スキャナ保存に大きく分けられます。

　このうち誤解・混乱が生じているのは電子取引（メールやインターネットを介した取引情報に係るデータの保存義務）です。

電子取引
メールやインターネットを介してやり取りした取引情報に係るデータの保存義務について

電子帳簿・電子書類
会計ソフト等パソコンを使用して帳簿や取引書類を作成、保存したい方へのご案内

スキャナ保存
取引関係書類を画像データ化して保存したい方へのご案内

（国税庁　電子帳簿等保存制度特設サイト）

【2】電子取引情報の保存義務

　所得税や法人税に関して帳簿・書類を保存する義務のある納税者が注文書・契約書・送り状・領収書・見積書・請求書など帳簿の基礎となるデータを電子でやり取りした場合には、その電子取引データは、一定期間、保存する必要があります。

　すなわち、これまで紙で保存していた取引記録を電子取引データで保存しなければならないということです。

　ただし、電子による保存が求められるのは、電子により行った取引のデータであり、紙で行った取引記録まで電子化を求められるわけではありません。

　また、電子取引データの保存義務を果たすためには、可視性の確保と真実性の確保が求められます。

　すなわち、モニター・操作説明書等の備え付けや要件を満たした検索システムを用意して可視性を確保し、不当な訂正削除の防止に関する事務処理規定を制定して真実性を確保する必要があります。

【3】電子取引データの検索性

　可視性確保のために電子取引データの検索要件が求められ、一定の法則をもって電子取引データを整理することが必要ですが、瞬時の検索結果まで求められるものではありません。

　また、電子取引データを紙に印刷をすることは、禁止されていません。電子取引データを紙に印刷し、元となる電子取引データを削除することが禁止されているだけです。

　昨今、電子帳簿保存法のあるべき方向を誤解し、電子取引データを瞬時に検索が行えるようにするシステム会社の提案や、会計ソフトの仕訳データと帳票の電子取引データを連動させなければならないという会計ソフト会社の営業、電子記録を紙に印刷することができないようなテレビコマーシャルを行う精算システム会社などが存在し、その結果、納税者が誤った方向に意識づけられています。

　これまでと変わるのは、紙に出力した電子取引データの削除が禁止されていることだけであり、電子取引データを削除せずに電子取引内容を出力することは問題ありません。

　また、人手不足やシステム導入資金の不足などにより、一定のルールに従って電子取引データの保存が行えなかったことについて税務署長が相当の理由があると認める場合、電子帳簿保存法上の問題は生じませんが、故意に電子取引データを削除することが認められるわけではありません。

　電子取引データは、原則として、「取引先、取引年月日、取引金額」の項目により検索できる検索要件を満たす電子保存をすることが必要ですが、要件を満たす保存が困難と税務署長が認める「相当の理由」がある場合には、単に電子保存すればよいとする猶予措置が設けられています。

　猶予措置の適用には、事前の申請などは不要であり、税務調査等で求められた際に、その相当の理由を説明すれば足ります。システム不整備、人員不足、資金不足など幅広い相当の理由が認められると言われています。

　税務調査の際に求めに応じて電子取引データのダウンロードや出力した書面の提示を行えれば、問題はありません。

【4】電子帳簿保存法導入後の税務調査

　電子帳簿保存法が導入されたとしても、申告の基礎となった取引記録などを確認し、疑問点、不明点については税理士や納税者に確認するという税務調査の本質は、変わりません。

　電子取引の内容を紙に出力して調査官に提示し、必要に応じて保存された電子取引データを閲覧させれば、問題はありません。

　これまでは、総勘定元帳や取引記録を紙により調査官に提示していたところ、電子データによって提出し又は閲覧することを可能にしておかなければなりません。

　今後は税務調査において、電子取引記録の確認のために取引データを CSV ファイルにより提示することや、電子取引システムの ID・パスワードを貸与することなども行われることとなると考えられます。

【5】事務処理規定の例

　電子取引データの真実性の確保のために、不当な訂正削除の防止に関する事務処理規定の制定が求められます。

　簡素な内容で事務処理規定を作成したものとして、次のようなものがあります。

> 電子取引データの訂正及び削除の防止に関する事務処理規程
> 第１条　電子取引の取引情報に係る電磁的記録の保存義務を履行するため、電子取引の取引情報に係る電磁的記録を適正に保存するために必要な事項を次のとおり定める。
> 第２条　電子取引データの範囲は、PDF により受けた又は発行した請求書、電子システムにより記録したデータ、取引の基礎となった電子取引データの全てとなる。
> 第３条　電子取引データは、取引を行った事業年度の末日から11年間、電子取引データにて保存しなければならず、訂正及び削除をすることは、原則、禁止する。
> 第４条　やむを得ない場合には、電子取引データを訂正し又は削除することができる。
> 　２　電子取引データの訂正又は削除を行った場合には、「取引情報訂正・削除申請書」に基づき、訂正又は削除の記録を残すものとする。

（佐々木　克典）

２．　総則６項の適用が否認された最新の東京地裁判決

　総則６項の適用については、令和４年４月19日最高裁判決（Z888-2406）があります。これは、「相続税の課税価格に算入される財産の価額について、評価通達の定める方法による画一的な評価を行うことが実質的な租税負担の公平に反するというべき事情がある場合には、合理的な理由があると認められるから、当該財産の価額を評価通達の定める方法により評価した価額を上回る価額によるものとすることが上記の平等原則に違反するものではないと解するのが相当である。」としたものです。

　平等原則に違反する特段の事情がある場合であって、端的に言えば、「本件購入・借入れが近い将来発生することが予想される被相続人からの相続において上告人らの相続税の負担を減じ又は免れさせるものであることを知り、かつ、これを期待して、あえて本件購入・借入れを企画して実行したというのであるから、租税負担の軽減をも意図してこれを行ったものといえる。」という場合に適用されるものであるとしたものです。

　納税者の立場であれば、上記視点に注目しますが、当局の立場に立てば、結果として、総則６項の適用が認定され勝訴したたものということになり、総則６項の適用事案が増加の傾向にあります。

　このような中で、令和6年1月18日に東京地裁で総則6項の適用が否認される判決が出ました（Z888−2556、令和2年7月8日 F0−3−693、平成26年6月11日相続開始）。

　事案の概要は、Ｔ＆Ａマスター2024年2月5日号 No1013号等に詳しく書かれています。

　東京地裁判決では、上記最高裁判決を引用して、「評価通達の定める方法による画一的な評価を行うことが実質的な租税負担の公平に反するというういうべき事情」があるか否かが検討されました。

　そして、「相続税を軽減するために、被相続人の生前に多額の借金をした上であらかじめ不動産などを購入して評価通達の定める方法における現金と不動産など他の財産に係る評価額の差異を利用する相続税回避行為をしているような場合でない限り、当該相続対象財産を評価通達の定める方法による評価額を超える価格で評価して課税しなければ相続開始後に相続財産の売却をしなかった又はすることができなかった他の納税者と比較してその租税負担に看過し難い不均衡があるとまでいうことは困難である。…相続開始直後に相続財産の一部を高額で売却することができたとしても、その事実に着目して相続課税をしなければ他の納税者との間で租税負担に看過し難い不均衡があるとは必ずしも断じ得ない。」としています。

　本件は国側が控訴したため、今後の高裁等上級審の判断が注目されます。

（竹内　陽一）

編集後記 ―「裏金」の税金問題―

　税にかかわる仕事をする方々の間においては、毎年、12月から翌年の4月頃までの期間は、毎年度の税制改正と確定申告が話題となることが多いのですが、今年は、やや様子が異なり、自民党の議員のいわゆる裏金と言われているもの（以下、「裏金」といいます。）に関する課税の問題がよく話題に上ります。

　税理士の方々でさえ、この裏金の税務上の取扱いに、明快な回答をすることができる方は少ないように思われますが、今年は、そのような特殊なものについて、普段は、税の話題に全く関心がない方々まで関心を持つという、非常に異例の事態となっています。

　税務調査や確定申告において、僅かな金額であっても、領収証などがないと、厳しく追及を受けたり課税されたりすることになりますし、そのような金額が多い場合には、脱税犯として刑務所に入らなければならなくなることさえあるわけですから、自民党の国会議員が多額の裏金を作ってその支払いの領収証などもない状態にありながら課税を受けることがないということになると、多くの国民が怒ることも、自然なことであって、むしろ、これに怒らない方が不自然と言うべきでしょう。

　ただ、私は、この裏金の税金の取扱いについて、現在、マスコミにおいて語られていることの多くに、やや疑問があると感じています。

　その疑問の一つは、この裏金が雑所得だということに関するものです。

　裏金がキックバック（その意味が必ずしも明確ではありませんが、「バックされた」と解することにします。）されたということであれば、派閥にパーティー券代を支払った団体がキックバックを受けたと認定するのが通常の事実認定の仕方ということになります。

　多額であればそのように事実認定を行い得て、少額であればそのように事実認定を行い得ないなどということは、あり得ませんので、そのキックバックを収入として政治資金収支報告書に記載していない政治団体があったとすれば、その政治団体は、政治資金規正法に違反する、ということになるはずです。つまり、「どの団体の収入か分からない」などということを、少額なものを政治資金規正法違反としない言い訳にすることはできない、ということです。

　一方、そのような話と、キックバックによって生じた裏金に対する課税がどうなるのかという話は、別の話であって、政治資金規正法違反とするということと課税をするということは、二者択一の関係となるわけではありません。

　政治資金パーティーの収入やキックバックが現在の税法に規定されている収益事業の対価に該当するということはあり得ませんので、上記の課税の話は、収益事業課税云々ということではありません。

　上記の課税の話は、キックバックが多額であろうが少額であろうが、そのキックバックを受けた金を政治家個人が私的に費消するか又は私的な金として保管していれば、それらの金は、必ず、政治家個人の所得として課税されなければならない、ということをいうものです。

　つまり、政治資金規正法に違反するということになろうがなるまいが、政治家個人が得た所得には、必ず、所得税が課されるということです。

　その政治家が得た所得がどのような種類の所得となるのかというと、そのキックバックを受けた団体は、人格のない社団となっていて、法人税法上は法人とみなされることになるものと思われますので、その政治家が得た所得は、その政治家がその団体の代表者又は管理人であれば、そのキックバックに相当する金額の役員賞与の支払いを受けたこととなって給与所得となり、その政治家がその団体の代表者又は管理人でなければ、その政治家がその団体から政治活動を行うことを依頼されているなどという特殊な状況にない限り、その政治家は一時的に法人からそのキックバックに相当する金額の金銭の贈与を受けたり経済的利益の供与を受けたりした状態となるはずですので、対価性のない所得である一時所得となるものと考えられます。そのキックバックに相当する金額が給与所得となったり一時所得となったりすれば、そのキックバックに相当する金額が「いずれにも該当しない所得」である雑所得になるということはありません。

　この裏金の税金の問題は、政治資金規正法に違反すると言えなければ課税ぐらいはするべきであるという、多分に感情的ないし情緒的な話の延長線上で語るべきことではありません。税に関する法令や通達の知見が十分ではなかったとしても、この裏金の税金の問題を語ることには、非常に大きな意義があり、このようなものには安易に目をつぶったり口を閉ざしたりしないようにする必

要があると感じますが、このような問題を語る場合には、ある程度の理性と論理性が必要となるということも、念頭においておく必要があります。そのようなことも踏まえて見てみると、この裏金に関する雑所得論は、それを語る人の意図から離れて、結果的には、政治資金規正法に違反するものが目の前に現実に存在するという事実に正面から向き合い続けることを妨げることになってしまうようにも感じられます。

　もう一つの疑問は、キックバックに限らず、政治家個人が得た所得は、それがどのような類の所得であろうが、全て所得税の課税の対象となるにもかかわらず、そのような課税が行われない状態が長年に亘って黙認されてきているという、大きな問題があまり語られない、ということです。

　官房機密費であろうが、政策活動費であろうが、政治家個人が私的に費消するか又は私的な金として保管していれば、それは、政治家個人の所得として所得税の課税の対象となります。領収証が要らないということは、税法上の取扱いとは何の関係もないことであって、官房機密費や政策活動費として政治家個人が受け取って私的に費消したり私的な金として保管したりしているものに所得税を課さない理由になるものではありません。領収証がないものに対しては、領収証があるものに対するよりも厳しく対応するというのが国税当局の本来の税務執行のあり方です。

　そして、国税当局は、現実に、そのように税務執行を行っています。

　しかし、そのように言い得るのは、国税当局が一般の納税者の税務調査を行う場面だけであると言っても、あながち間違いではないでしょう。

　今まで、本来は、政治家個人に所得税を課すべきところ、国税当局が政治家の課税問題には触らないという対応をしてきたところに、問題の根源があるわけであって、国税当局が政治家の課税問題にも積極的に取り組んできていたとしたら、今回のキックバックについて、課税の問題が大きな話題になるようなことにはならず、そして、おそらく、キックバックの不記載という政治資金規正法違反の問題自体が起こることもなかったのではないでしょうか。

　今回の裏金に関する課税問題を遠目で見てみると、向こうには、国税当局が政治家とヤクザにはあまり積極的には触らないという対応を続けてきたという、積年の澱んだ難しい問題が広く横たわっているように見えて仕方がありま

せん。

　これは、過去に税務職員として税務調査に従事してきた著者の自省の念からの正直な感想でもあります。

　最後に、一言、感想を付け加えさせて頂くと、現在、国税当局は、一般の納税者から「先に政治家を調査してから、うちの調査に来てくれ！」「政治家の裏金を見逃しているんだから、うちの裏金も見逃してくれ。」「政治家は領収証が無くても課税していないんだから、うちも同じようにしてくれ。」などと言われないような何らかの対応をすることが必要となっているのではないかと感じます。

文責　朝長英樹

（監修者）

朝長　英樹（ともなが　ひでき）　財務省主税局・税務大学校勤務後平成18年7月に退官
税理士・一般社団法人日本税制研究所代表理事
東京都千代田区神田錦町1丁目23番地　宗保第2ビル2F
TEL 03 − 5282 − 8270

（編著者）

小畑　良晴（おばた　よしはる）　一般社団法人日本経済団体連合会経済基盤本部長

塩野入文雄（しおのいりふみお）　税理士
東京都千代田区麹町3 − 1 − 8　メイゾン麹町703
TEL 03 − 5211 − 8268 FAX 03 − 5211 − 8269

竹内　陽一（たけうち　よういち）　税理士（一般社団法人FIC代表理事）
大阪市北区東天満2 − 6 − 8　篠原東天満ビル301
TEL 06 − 4800 − 7100 FAX 06 − 4800 − 7101

掛川　雅仁（かけがわ　まさひと）　税理士
大阪市北区芝田2 − 1 − 18　西阪急ビル9F
TEL 06 − 6375 − 3364 FAX 06 − 6375 − 1139

（共著者）

神谷　智彦（かみや　ともひこ）　一般社団法人日本経済団体連合会経済基盤本部

長基　公則（ながもと　まさのり）　一般社団法人日本経済団体連合会経済基盤本部

瀧沢　颯（たきざわ　はやて）　一般社団法人日本経済団体連合会経済基盤本部

大川　充穂（おおかわ　みつほ）　一般社団法人日本経済団体連合会経済基盤本部

浅野　洋（あさの　ひろし）　税理士（しんせい綜合税理士法人）
名古屋市西区上小田井2 − 302
TEL 052 − 504 − 1133 FAX 052 − 504 − 1134

阿部　隆也（あべ　りゅうや）　税理士（つづくソリューションズ株式会社）
東京都千代田区大手町1 − 5 − 1　大手町ファーストスクエア
イーストタワー4F
TEL 03 − 6555 − 3858

有田　賢臣（ありた　まさおみ）　公認会計士
東京都千代田区神田富山町7 − 604（BIZSMART 神田富山町）
TEL 050 − 3646 − 8074 FAX 03 − 5858 − 6303

大塚　直子（おおつか　なおこ）　税理士
東京都千代田区岩本町2 − 6 − 13 − 702
TEL 03 − 3865 − 5488 FAX 03 − 6700 − 8005

岸本　政昭（きしもと　まさあき）　公認会計士・税理士（㈱MID ストラクチャーズ）
東京都千代田区有楽町1 − 9 − 1　日比谷サンケイビル2F
TEL 03 − 5218 − 0080 FAX 03 − 5220 − 7794

小林磨寿美 税理士
神奈川県厚木市中町 2 − 13 − 14　サンシャインビル
TEL 046 − 225 − 3114 FAX 046 − 225 − 3158

近藤　光男 税理士（青山合同税理士法人）
東京都港区赤坂 8 − 4 − 14　青山タワープレイス 7 F
TEL 03 − 6439 − 1471 FAX 03 − 6439 − 1472

佐々木克典 税理士（ひいらぎパートナーズ）
東京都千代田区鍛冶町 2 − 2 − 2　神田パークプラザ 7 F
TEL 03 − 5209 − 7070 FAX 03 − 5209 − 7071

鈴木　達也 税理士
東京都千代田区神田須田町 1 − 5　KS ビル 8 F
TEL 03 − 3527 − 1307 FAX 03 − 3527 − 1308

武地　義治 税理士・CFP®　（税理士法人カオス代表社員）
大阪市北区南森町 1 − 4 − 19　サウスホレストビル 4 F
TEL 06 − 6311 − 6000 FAX 06 − 6311 − 6001

中尾　健 公認会計士・税理士（㈱パートナーズ・コンサルティング）
東京都中央区京橋 1 − 3 − 1　八重洲口大栄ビル12F
TEL 03 − 3510 − 1033 FAX 03 − 3510 − 1065

西山　卓 税理士
大阪府池田市栄町 4 − 5　F ビル 2 階
TEL 072 − 736 − 9955

新沼　潮 税理士
東京都渋谷区恵比寿 1 − 29 − 15 − 307
TEL 03 − 6676 − 1845

長谷川敏也 公認会計士・税理士（税理士法人アズール）
名古屋市東区東桜 1 − 8 − 16　ロータス東桜ビル
TEL 052 − 684 − 8120 FAX 052 − 684 − 8130

藤野　智子 税理士
埼玉県さいたま市南区文蔵 5 − 30 − 10
TEL 048 − 767 − 4012 FAX 048 − 793 − 5543

間瀬まゆ子 弁護士（三浦法律事務所）
東京都千代田区大手町 1 − 5 − 1　大手町ファーストスクエア
イーストタワー 3 F
TEL 03 − 6270 − 3500 FAX 03 − 6270 − 3501

棟田　裕幸 公認会計士・税理士
東京都千代田区一番町 4 − 25　相模屋第五ビル 3 F
TEL 03 − 5275 − 3855 FAX 03 − 5275 − 3859